対人援助の現場で使える
質問する技術
便利帖

大谷 佳子
(おおや・よしこ)

はじめに

　「質問が上手くできない」「質問って難しい」という援助職の方々の声を、これまでもよく耳にすることがありました。私は、コミュニケーションやコーチングなどの研修を通して、年間を通じて、多くの福祉職や医療職の方々に出会う機会があります。そのような機会に、「実は、質問が苦手」などと教えてくださる援助職が、思いがけず多かったのです。

　援助の現場では、日常的に「質問する」場面が多くあります。質問することによって、援助の対象者の状態を知り、その人を気遣い、その人と一緒に考え、その人の意思決定を支援しています。援助の現場では「質問する」ことが欠かせないはずなのに、苦手に思う人が多いのはどうしてだろう？　その理由を考えたときに、気づいたことがあります。

　援助の現場では、「聴く」ことが大切とよく言われています。近年では、さまざまな援助職の養成課程において、コミュニケーションに関連する科目のなかで、傾聴の技法を学習するようになりました。現任研修においても、傾聴トレーニングは、援助職が学ぶべき基本の1つでしょう。

　ところが、「質問する」ことは、「聴く」ことほど、体系的に学ぶ機会がないのです。私たちは、知らず知らずのうちに、「質問する」ことを身につけて、あまり深く考えずに質問をしているのかもしれません。

　「質問する」ことも「聴く」ことと同じ、援助の現場で不可欠なコミュニケーション技術です。本書は、対人援助の現場だからこそ、活用していただきたい「質問する」技術を、心理学の知識とともに紹介しています。本書の質問例には、さまざまな援助の現場で、実際に援助職の方々が使っている質問を参考にさせていただきました。

　上手に「質問する」ためには、何よりも、「その人のことを知りたい、理解したい、そして共にありたい」と想う気持ちが大切でしょう。その援助職の想いを、効果的に表現するためのちょっとしたコツとテクニックを、本書で見つけていただければ幸いです。

2019年7月

大谷　佳子

こんなコミュニケーションになっていませんか？

事例1 回答を誘導する質問になっている「誘導質問」

渡辺さん（55歳、男性）は、保健師から、生活習慣病の改善のためのプログラムに参加することを勧められています。

保健師「ここまでの説明で、理解できましたか？」

渡辺さん「ええ、まあ」

保健師「それはよかったです。では、参加ということでよろしいですね？」

渡辺さん「あの、それはちょっと……」

保健師「えっ？　参加することに問題はありますか？」

渡辺さん「いえ、問題とか、そういうことでは……」

保健師「では、参加しますか？　それとも、やめておきますか？」

渡辺さん「じゃあ、参加でいいです、参加で」

保健師「参加ですね。わかりました」

渡辺さん「……」

● 「誘導質問」になってしまった理由は？

保健師は、渡辺さんにプログラムに参加してもらいたい気持ちから、「参加ということでよろしいですね？」「参加することに問題はありますか？」などと、参加を促す質問をしています。渡辺さんが、参加することを意思決定できるように、終始会話をリードしているようです。

保健師は、「では、参加しますか？　それとも、やめておきますか？」と問いかけて、どちらかを選択するように促していますが、「じゃあ、参加でいいです、参加で」という回答からは、納得できていない渡辺さんの気持ちが伝わってきます。

事例2 一方的に質問している「尋問口調」

佐藤さん（60歳、女性）は、母親の介護について、ケアマネジャーに相談をしています。

ケアマネジャー　「どうして、もっと早く相談しなかったのですか？」

佐藤さん　「どうしてって言われても……」

ケアマネジャー　「なんで、今まで気づかなかったのですか？　本当は、もっと前に気づいていたのでしょう？」

佐藤さん　「だって、母が認知症だなんて思わなかったし……。親戚にも認知症になった人はいなかったので……。すみません」

ケアマネジャー　「いえ、そういうことを伺いたいのではなくて……。いつもと同じではないと、気づくことはなかったのですか？」

佐藤さん　「？」

ケアマネジャー　「食事や排泄は、ご自分でできているのですか？」

佐藤さん　「ええ、一応」

●「尋問口調」になってしまった理由は？

ケアマネジャーは、佐藤さんに、自身が知りたいことを優先して質問しています。これまで相談に来なかった理由、家族が気づいた時期、母親の日常生活など、尋ねたいことがたくさんあって、次々に質問をしているようです。

しかし、ケアマネジャーの問いかけに対して、佐藤さんは「どうしてって言われても……」「ええ、一応」などと答えるばかりで、多くの言葉が返ってきません。佐藤さんは、ケアマネジャーに相談に来たはずですが、なぜか会話に積極的になれないようです。それどころか、佐藤さんは萎縮している様子で、ケアマネジャーに「すみません」と謝罪してしまっています。

事例3 質問が思い浮かばない「質問が苦手」

デイサービスを利用している野口さん（70歳、女性）は、物静かで控え目な方です。介護職が、野口さんとコミュニケーションをとろうとして、話しかけました。

介護職「野口さん、今日はどうですか？」

野口さん「はい、おかげさまで。ありがとうございます」

介護職「そうですか。それはよかったです」

野口さん「はい……」

介護職「そうだ、先週リハビリには行ったのですか？」

野口さん「いいえ、行くつもりだったのですが……」

介護職「そうですか……（どうしよう、何を質問したらいいのかな）では、来週行くのですか？」

野口さん「ええ……」

介護職「そうですか……（あ～もう、間が持てない！　質問が思い浮かばない！）」

野口さん「……」

介護職「……（私って、質問が苦手なのかも）」

● 「質問が苦手」になってしまった理由は？

介護職は、野口さんと会話を楽しみたいと思って、「今日はどうですか？」と話しかけました。ところが、野口さんは物静かで控え目な方なので、口数も多いほうではありません。介護職が問いかけても、野口さんは短く返事をするだけです。
介護職は、次に何を質問したらいいのか考えることに一生懸命で、会話が続きません。
ついに、お互いに黙ってしまい、その場の雰囲気が重たくなってしまいました。

本書の技術を使えばこう変わる！

これまで見てきた「誘導質問」「尋問口調」「質問が苦手」は、援助の現場で見られがちな事例でしょう。このような質問が癖になっていると、意図しないところで、相手に不快な思いをさせてしまうかもしれません。本書の技術を少しずつ取り入れることで、相手の反応も変わってくることが実感できると思います。
解説とともに、1つずつ改善例を見ていきましょう。

事例1 「誘導質問」の改善例

保健師は、渡辺さんにクローズド・クエスチョンのみを使って質問していました。「理解できましたか？」「参加ということでよろしいですね？」「問題はありますか？」などの質問は、「はい」か「いいえ」で回答するクローズド・クエスチョンです。

しかし、クローズド・クエスチョンばかりでは、会話は広がりません。効率よく会話を進めているつもりでも、「はい」「いいえ」を特定できない場合には、渡辺さんのように、「ええ、まあ」「あの、それはちょっと……」などと、曖昧な答えが返ってくることもあります。

オープン・クエスチョンで、渡辺さんの考えや気持ちを話してもらいましょう。その答えをしっかり傾聴することが大切です。「参加しますか？　それとも、やめておきますか？」などと二者択一の質問をすると、渡辺さんは、どちらかを選択しなければいけないと思うでしょう。そこで「どのようにしたいとお考えですか？」と問いかけて、まずは渡辺さんに自由に話をしてもらいましょう。「参加はしたいけど、平日は忙しい」という気持ちや状況がわかれば、その人に合わせて対応することも可能になります。

保健師「ここまでの説明で、不安なことがあれば教えていただけますか？」　**オープン・クエスチョン**

渡辺さん「今のところ、特にないです」

保健師「今のところ、特に不安なことはないのですね。では、参加についてはどうなさいますか？」　**繰り返しとオープン・クエスチョン**

渡辺さん「あの、参加するのはちょっと……」

保健師「渡辺さんは、どのようにしたいとお考えですか？」 ― **オープン・クエスチョン**

渡辺さん「参加したい気持ちはあるんです。でも、平日は仕事が忙しくて……」

保健師「渡辺さんは、お仕事に影響することを心配されていたのですね。では、日曜日のみのプログラムだったら、参加できそうですか？」 ― **言い換えとクローズド・クエスチョン**

渡辺さん「はい、それなら参加できるかもしれません」

事例2　「尋問口調」の改善例

　援助職が一方的に問いかけると、相手は尋問されているように感じるでしょう。特に、「どうして」「なぜ」の質問や、「本当は〇〇なのでしょう?」という質問には注意が必要です。「どうして、(あなたは)もっと早く相談しなかったのですか?」というケアマネジャーの質問が、佐藤さんには「もっと早く相談するべきだった」という叱責の表現に聞こえたのかもしれません。
　また、「本当はもっと前に気づいていたのでしょう?」という予測を押しつけるような質問は、相手を不愉快にさせてしまい、質問に答えようとする意欲を低下させてしまうのです。
　相談場面では、自分が何を問われているのか相手にわかる質問を心がけて、「訊いたら、聴く」ことが大切です。

ケアマネジャー「今まで相談しなかった理由があれば教えていただけますか？」 ― **事柄を主語にした質問**

佐藤さん「母が認知症だなんて思わなかったし……。親戚にも認知症になった人はいなかったので……」

ケアマネジャー「どうしてよいかわからなかったのですね。戸惑われたでしょう。相談に来てくださって、よかったです。これからは、一緒に考えていきましょう」 ― **言い換えと共感**

佐藤さん「はい！　ありがとうございます」

ケアマネジャー 「いくつかお尋ねしてもよろしいですか？ これまでに、お母様の様子が、いつもと違うなって思ったことはありましたか？」 ← **二重否定文を使わずシンプルに**

佐藤さん 「う～ん、そうですね。意味のわからないことを言って、突然怒り出すことが少し前からありました」

ケアマネジャー 「少し前というのは、何カ月ぐらい前のことですか？」 ← **曖昧な表現を具体化する質問**

佐藤さん 「えっと、春頃だったので、3カ月ぐらい前です」

ケアマネジャー 「『意味のわからないこと』というのは、具体的には？」 ← **チャンクダウン**

佐藤さん 「誰かが自分の財産を狙っているとか、自分はいじめられているとか。そんなことは実際にはないんですが……」

ケアマネジャー 「ご家族には思い当たらないことを言うときがあるのですね。次に、お母様の生活についてお伺いします。今、食事はどうされていますか？」 ← **言い換え** / **ダブルバーレル質問を使わずオープン・クエスチョン**

事例3 「質問が苦手」の改善例

　介護職は、次に質問することを考えながら、野口さんと会話をしていました。目の前にいる相手に意識を向けているようでも、「次は何を質問しよう」などと頭のなかで考えているときは、意識が自分自身に向いています。

　意識を相手に向けて、その人の話を軸に、質問をしてみましょう。オープン・クエスチョンを使うと、相手は、自分のことに興味を持ってくれているとより感じることができます。会話を楽しみたいときに、「はい」「いいえ」で回答するクローズド・クエスチョンが多いと、素っ気ない印象になりがちなので注意しましょう。

　ただし、野口さんのように口数が少ない人は、オープン・クエスチョンで質問をすると、すぐに答えが返ってこないときもあります。野口さんが回答するための時間を、穏やかな表情で待ちましょう。一緒にいる時間を上手に共有することもコミュニケーションです。

介護職「野口さん、こんにちは」 ← 挨拶で承認

「今日は、お身体はどのような感じですか?」 ← 具体的なオープン・クエスチョン

野口さん「いつもより、今日は調子がいいような気がします。ありがとうございます」

介護職「では、とっても調子がいいときが10点満点だったら、今日は何点ですか?」 ← スケーリング・クエスチョン

野口さん「ん……。8点かしら」

介護職「前回は6点って答えていたので、今日は前回より体調が良いのですね。野口さん、お身体のために何かされているのですか?」 ← オープン・クエスチョン

野口さん「はい……リハビリを続けていて……。でも先週はちょっと」

介護職「先週はどうされたのですか?」 ← 手がかり質問

野口さん「それが、家族が旅行に誘ってくれたので、先週はリハビリしてなくて」

介護職「ご家族と一緒に旅行に行かれたのですね。そのときのお話を聴かせていただけますか?」 ← 繰り返しと広げる質問

いかがでしょうか。質問には、会話の流れを大きく変える力があります。いつも使っている質問を振り返ってみましょう。ちょっと言い方を変えるだけで、あなたの質問力はぐんとアップするはずです。

質問力の高い援助職は、面接やアセスメント、意思決定の支援など、日々の業務に自信を持って取り組むことができるでしょう。上手に質問することで、援助職の想いが効果的に相手に伝わり、援助の対象者との信頼関係の形成にも役立つでしょう。

本書では、さまざまな現場ですぐに活用できる、心理学に基づいた質問を紹介していきます。自分に合った方法で学習できるように、次のページに示す本書の活用方法を参考にしてください。

本書の活用方法

●活用方法1：読みものとして、一通り読む

本書は、質問の技術だけでなく、関連する心理学の知識や、近年注目されているスキルについて知ることができます。読みものとして、はじめから通して読んでもよいでしょう。

●活用方法2：便利帖として、必要なときに参考にする

本書は必要なときに、必要なページを引いて参考にできるように工夫しています。

これってどういう意味？

各ページに付いているキーワードから、知りたい単語を探してみましょう。

> キーワード　コミュニケーション技術

こういうときは、どうするの？

第4章は、質問の種類がわからなくても必要なページが見つかるように、「○○したいとき」と具体的な場面が見出しになっています。
第5章は、傾聴の技術名がわからなくても必要なページが見つかるように、「○○しよう」と具体的な行動が見出しになっています。目次から、知りたい技術を探してみましょう。

●活用方法3：学習書として、不足している技術を学ぶ

本書の第3章扉にワークシート「あなたの質問するときの癖は？」と、第5章扉にワークシート「あなたの聴くときの癖は？」が付いています。最初にワークシートに取り組んで、あなたの癖を振り返ってみましょう。今のあなたに不足している技術のページから読むと、効率よく学習することができます。

●活用方法4：研修のネタ本として、職場内研修で活用する

本書には、質問や傾聴の技術を学ぶためのさまざまなワークシートが付いています。ダウンロードして、職場で研修や勉強会に活用することもできます。

準備

ワークシートをダウンロードして、研修や勉強会の参加者数分を用意します。

研修

参加者に、ワークシートに取り組んでもらいます。

※演習の前に、その質問の説明をしてもよいでしょう。

ワークシートの解説を配布あるいは、口頭で説明して答え合わせをします。

※時間に余裕があれば、参加者の答えを発表してもらってから、答え合わせをするのもよいでしょう。

ワークシートのダウンロード方法

本書で紹介しているワークシートを「特典」として用意しています（ダウンロード対応と記載されたもののみ）。

SHOEISHA iD メンバー購入特典

ファイルは以下のサイトからダウンロードして入手いただけます。
https://www.shoeisha.co.jp/book/present/9784798159881
特典ファイルは圧縮されています。ダウンロードしたファイルをダブルクリックすると、ファイルが解凍され、ご利用いただくことができます。

＜注意＞

※会員特典データのダウンロードには、SHOEISHA iD（翔泳社が運営する無料の会員制度）への会員登録が必要です。詳しくは、Webサイトをご覧ください。

※会員特典データに関する権利は著者および株式会社翔泳社が所有しています。許可なく配布したり、Webサイトに転載したりすることはできません。

※会員特典データの提供は予告なく終了することがあります。あらかじめご了承ください。

ファイルにはWord形式のシートと、PDF形式のシートがあります。必要に応じて出力し、ご利用ください。Word形式のシートは、本文をご参照のうえ、ケースに応じてカスタマイズしていくとよいでしょう。見出しの横に ダウンロード対応 マークがあれば、そのシートをダウンロードできます。

CONTENTS

- はじめに ………………………………………………………………… 002
- こんなコミュニケーションになっていませんか？ ………………… 003
- 本書の技術を使えばこう変わる！ …………………………………… 006
- 本書の活用方法 ………………………………………………………… 010
- ワークシートのダウンロード方法 …………………………………… 012

第1章 もっと質問してみよう

- 上手に質問できる援助職になろう …………………………………… 018
- 質問して、引き出そう ………………………………………………… 020
- **COLUMN** ナラティブアプローチ ………………………………… 021
- 質問して、確かめよう ………………………………………………… 022
- **COLUMN** 対人認知 ………………………………………………… 023
- 質問して、好意を伝えよう …………………………………………… 024
- 質問して、会話を弾ませよう ………………………………………… 026
- 質問して、思考や気づきを促そう …………………………………… 028
- **COLUMN** 脳を活性化するのはアウトプット …………………… 029
- 質問して、表現してもらおう ………………………………………… 030
- **COLUMN** 他職種や上司に相談するときの質問 ………………… 032

第2章 質問力を高めよう

- 質問は、一度に1つ！ ………………………………………………… 034
- 質問は短く、シンプルに！ …………………………………………… 036
- 相手が話したいことを質問！ ………………………………………… 038
- 質問で、広げる！ ……………………………………………………… 040
- 質問で、深める！ ……………………………………………………… 042
- **COLUMN** 司法面接 ………………………………………………… 043
- 質問で、具体化する！ ………………………………………………… 044

- ポジティブに質問！ 046
- 答えたくなる一言をプラス！ 048
- **COLUMN** 「お世辞を言う」と「褒める」は違う 049
- **COLUMN** 問いかけを変えると反応が変わる?! 050

第3章 この質問では上手くいかない

Worksheet ワークシート 〔ダウンロード対応〕
あなたの質問するときの癖は? 051
- 相手を萎縮させてしまう質問 054
- **COLUMN** 合理化 055

Worksheet ワークシート 〔ダウンロード対応〕
「なぜ」「どうして」を使わない質問 056
- 相手がプレッシャーを感じる質問 058
- 相手を混乱させてしまう質問 060
- **COLUMN** これもダブルバーレル質問 061
- 相手を誘導してしまう質問 062
- **COLUMN** 誤前提暗示 063
- 相手を困らせてしまう質問 064
- 相手を不愉快にさせてしまう質問 066
- **COLUMN** 自己開示の目的 067
- 相手を置き去りにする質問 068
- **COLUMN** 尋問口調 070

第4章 こんなときはこの質問!

- 「はい」「いいえ」を特定したいとき 072

Worksheet ワークシート 〔ダウンロード対応〕
クローズド・クエスチョン 076

- 思いや考えを引き出したいとき ……………………………… 078

Worksheet ワークシート 　ダウンロード対応
オープン・クエスチョン …………………………………… 082
- 程度を把握したいとき ………………………………………… 086

Worksheet ワークシート 　ダウンロード対応
スケーリング・クエスチョン ……………………………… 088
- ポジティブに考えることを促したいとき …………………… 090
- **COLUMN** ポジティブ心理学 ……………………………… 091

Worksheet ワークシート 　ダウンロード対応
肯定質問 ……………………………………………………… 092
- 未来志向で考えることを促したいとき ……………………… 094

Worksheet ワークシート 　ダウンロード対応
未来質問 ……………………………………………………… 096
- 解決のヒントを見つけたいとき ……………………………… 098
- **COLUMN** 学習性無力状態 ………………………………… 099
- 努力を承認したいとき ………………………………………… 100
- 見方を変えるとき ……………………………………………… 102
- **COLUMN** 2つの質問の組み合わせ ……………………… 104

第5章 訊いたら、聴く

Worksheet ワークシート 　ダウンロード対応
あなたの聴くときの癖は? ………………………………… 105
- **COLUMN** 聞く、聴く、訊く …………………………… 109
- 反応を示しながら聴こう ……………………………………… 110
- 受けとめて共有しよう ………………………………………… 112
- 理解したことを共有しよう …………………………………… 114
- **COLUMN** 相手の話を聞き逃すタイミング ……………… 115

Worksheet ワークシート　ダウンロード対応
繰り返しの技法・言い換えの技法 ……………………………………………… 116
● 事実を確認しよう ……………………………………………………………… 118
● 感情を確認しよう ……………………………………………………………… 120
COLUMN 同情と共感 …………………………………………………………… 121

Worksheet ワークシート　ダウンロード対応
共感の技法 ………………………………………………………………………… 122
● 表現をサポートしよう ………………………………………………………… 124
COLUMN 建前と本音 …………………………………………………………… 125
● 考える時間を保証しよう ……………………………………………………… 126
COLUMN 沈黙を破るタイミング ……………………………………………… 127
● 情報を整理しよう ……………………………………………………………… 128
● 熱心に耳を傾けていることを表現しよう …………………………………… 130
COLUMN 話す意欲を低下させる防衛姿勢 …………………………………… 132

第6章　質問力を援助に活かそう

● 質問力で対話を進める ………………………………………………………… 134
● 質問力で解決志向の援助をする ……………………………………………… 136
COLUMN 解決志向アプローチ ………………………………………………… 137
質問集 解決志向アプローチに有効な質問例 ………………………………… 138
● 質問力で行動変容を援助する ………………………………………………… 140
● 質問力で自己決定を支援する ………………………………………………… 144
質問集 目標達成をサポートする場合（GROWモデル）の質問例 ………… 146
質問集 問題解決をサポートする場合の質問例 ……………………………… 150
● 質問力で意欲を高める ………………………………………………………… 152
● 質問力でストレスを緩和する ………………………………………………… 154
COLUMN 心理社会的ストレスモデル ………………………………………… 155
質問集 ストレスを緩和させるために有効な質問例 ………………………… 156

おわりに ………………………………………………………………………………… 158

第1章

もっと質問してみよう

第1章では、質問のコミュニケーション効果について学びます。
質問は、情報を収集したり、わからないことを確認したりするための技法であるとともに、
相手の話したいことを引き出して、会話を弾ませる重要なコミュニケーション・ツールです。
質問には、さらにすごい力があります。質問をすると、「あなたのことをもっと知りたい」
「あなたの話に関心を持っている」というメッセージが相手に伝わり、
人間関係を良好にする効果もあるのです。

対人援助の現場で活かせる質問の効果

引き出す力	**確かめる力**	**好意を伝える力**
＜情報収集＞	＜確認＞	＜好意の伝達＞

会話を弾ませる力	**思考や気づきを促す力**	**表現する機会を提供する力**
＜会話の促進＞	＜発問法＞	＜内接的なかかわり＞

🔑 キーワード 「コミュニケーションが苦手」な人

コミュニケーション上手は「質問上手」
上手に質問できる援助職になろう

▍「コミュニケーションが苦手」な人の特徴

　対人援助の現場では、人と人とのかかわりを基盤にして、日々業務が行われています。しかし、対人援助の現場だからといって、人とかかわることが得意な人ばかりが集まっているとは限りません。コミュニケーションの大切さは認識していても、自分自身のこととなると、コミュニケーションに苦手意識を持っている援助職も少なくないようです。
　「コミュニケーションが苦手」 と思っている人には、共通してみられる特徴があります。それは、上手く質問ができていないことです。知らず知らずのうちに、ダメな質問をしている人や、そもそも質問はあまりしないという人もいるでしょう。
　「質問をしないなんて、もったいない！」と言いたくなるほど、質問にはすごい力があります。上手に質問を活用して、コミュニケーション力をアップさせましょう。「何を話したらいいのかがわからない」「会話が弾まない」「間が持たないので、ひたすら自分が話し続けている」などの悩みを持っている人ほど、質問の力が実感できるはずです。

▍意識の方向は、自分ではなく相手

　「コミュニケーションが苦手」と思っている人に、もう1つ、共通している特徴があります。それは、会話をしているとき、意識が相手ではなく、自分に向いてしまうことです。
　目の前にいる相手に意識を向けているようでも、「何を話そう」などと頭のなかで考えているときは、意識が自分自身に向いています。会話を上手にリードしようとして、あれこれ考えてしまうと、相手の話を聞くことに集中できません。その結果、話の流れや内容を無視した発言になったり、反応を示すタイミングを逃してしまったりしてしまうのです。
　会話では、意識を相手に向けて、その人の話を軸に、質問をしてみましょう。上手に質問すると、意外なほど、相手が積極的に語ってくれるようになるでしょう。

コミュニケーションが苦手な人と得意な人の特徴

＜苦手な人＞
- あまり質問はしない
- ダメな質問をしている
- 会話中、意識が自分に向いている

＜得意な人＞
- よく質問をしている
- 上手な質問／よい質問をしている
- 会話中、意識が相手に向いている

会話をしているとき、意識が自分に向くと……

会話をしているとき、意識は相手に向ける！

🔑 キーワード　情報収集／アセスメント／ナラティブアプローチ

質問の効果1　＜情報収集＞
質問して、引き出そう

援助は「その人を知る」ことから始まる

　私たちは、自分の知りたいことを、誰かから教えてもらいたいときに質問をします。援助職にとって、質問は、援助の対象者のことを知るための有効な手段です。
　「その人らしさ」を大切にした援助を提供するためには、その人を知るための**情報収集**が欠かせません。年齢、出身地、家族構成、既往歴、現病歴などの個人情報や、生活環境全般に関する情報などから、その人がどのような人物であるかを知ることができます。しかし、このような書類から得られる**客観的な情報**をつなぎ合わせても、その人らしさを知ることはできないでしょう。
　その人がどのように生活してきたのか、また、これからどのような生活を望んでいるのか、などの**主観的な情報**は、本人に語ってもらわなければ、わからないことも多いのです。

質問は、アセスメントの重要な手段

　アセスメントとは、援助過程における事前評価のことです。援助目標を設定したり、援助計画を策定したりする前の段階として、アセスメントでは、その人に関する客観的な情報と、本人でなければわからない主観的な情報を収集します。それらの情報から、その人の抱えている問題を把握したり、ニーズを見出したりして、援助の方向性をつかむのです。
　質問は、アセスメントの重要な手段です。書類からわかる情報は、本人に確認する程度にして、修正箇所や補足事項がないかを尋ねましょう。書類からわからない情報は、相手に自由に語ってもらえるように、十分な時間を確保して、丁寧に質問しましょう。援助職には、用途に応じて、上手に質問を使い分けることが求められるのです。

「その人を知る」ための情報

書類などから得られる客観的な情報

その人の年齢、出身地、家族構成、既往歴、現病歴などの個人情報や、その人の生活環境全般に関する情報　　　　など

⇩

「どのような人物であるか」がわかる

質問することで得られる主観的な情報

その人の歩んできた歴史、生活
その人の感情、考え、意向、望み
その人の価値観、信念　　　　など

⇩

「その人らしさ」がわかる

COLUMN　ナラティブアプローチ

　1990年代以降、相手をより深く理解するための手法として、**ナラティブアプローチ**が注目されてきました。心理療法においてはセラピーとして、社会福祉の領域では援助的アプローチとして、ナラティブアプローチは、さまざまな対人援助の現場で活用されています。

　ナラティブアプローチでは、その人の語るストーリー（ナラティブ）を通して、援助を行います。その人の自由な語りのなかには、その人なりの起承転結や、出来事に対する主観的な意味づけがあります。そのストーリーに耳を傾けることで、客観的な情報からは把握できない、その人の考え方や生き方、そして人柄が伝わってくるのです。

🔑 キーワード　対人認知

質問の効果2　＜確認＞
質問して、確かめよう

■ 思い込みはトラブルのもと

　質問は、何かを確認するときにも、欠かせないコミュニケーション技術です。

　何かについて説明をしたら、最後に必ず、相手の理解度を確認する質問をしましょう。いくら上手に援助職が説明をしても、その内容が正確に伝わったかどうかは、説明を受けた本人に確認してみなければわかりません。

　「これぐらいのことはわかっているはず」「きっと、理解できているだろう」などと、援助職が一方的に判断をしてしまうと、相手に確認することを怠ってしまいがちです。ちょっとした確認不足が原因となって、後から「言った」「言わない」のトラブルに発展してしまうこともあるのです。

■ 自問自答を心がける

　理解しているかどうかの確認は、相手に質問するだけでなく、援助職自身も自問自答して常に心がける必要があります。

　アセスメントにおいて、援助の対象者からさまざまな情報を収集しても、それらの情報をどのように組み合わせ、その人をどのように理解するのかは援助職次第です。情報を分析したり、その人が語ることを傾聴したりして、その人のことを理解したつもりでも、実際のところは本人に質問してみなければわかりません。「私は○○さんのことは、よくわかっている」という思い込みが、援助職の視野を狭めてしまい、客観的に相手を理解することを妨げてしまうこともあるのです。

　普段から、「○○さんに対する自分の認知は偏っていないだろうか」「視点を変えたら、どのような捉え方ができるだろう」などと自分に質問を投げかけることを心がけましょう。

COLUMN 対人認知

　以下の図を見てみましょう。あなたは、何に見えましたか？
「老婆の横顔に見えた！」人もいれば、「画面奥に顔を向けている若い女性に見える！」という人もいるでしょう。この絵は老婆と若い女性の二通りに見えるように描かれた作品ですが、どちらを先に認知するかは見る人によって違います。なぜなら、私たちは、これまでに自分が見たことや聞いたこと、経験したことなどに基づいて、受け取った情報を処理しているからです。私たちは、自分のなかにそれぞれフィルターのようなものを持っていて、そのフィルターを通して、それが何であるのかを認知するのです。

　相手をどのような人物か認知（**対人認知**）しようとするときにも、人それぞれのフィルターを通して、相手を理解しています。援助職は、その人に対する自分の認知が、他の人の認知とは異なるかもしれないことを意識しておきましょう。

老婆？それとも、若い女性？

My Wife and My Mother-In-Law (E. G. Boring, after W. E. Hill)

　若い女性の絵に見えた場合は、女性の耳が見方を変えると老婆の目に、アゴが鼻に、ネックレスが口になり、老婆の横顔にも見えてくるでしょう。

　老婆の絵に見えた場合は、老婆の目が見方を変えると若い女性の耳に、鼻がアゴに、口がネックレスになります。

🔑 キーワード　**好意の互恵性／心理的距離**

質問の効果3　＜好意の伝達＞
質問して、好意を伝えよう

▌好意を伝えると、好意が返ってくる

　質問は、相手との良好な関係づくりにも力を発揮します。

　なぜなら、質問すること自体に、相手に対する関心と、好意を伝える効果があるからです。質問をするという行為は、「あなたのことをもっと知りたい」「あなたの話をもっと聴きたい」という意思表示でもあります。上手に質問することで、相手は、援助職から肯定的な関心と好意を感じることができるでしょう。

　援助職からの好意を受け取った相手は、心を開いて、自分のことを話してくれるようになります。それは援助職の好意が伝達されると、相手も、援助職に親しみを感じたり、好ましく思う気持ちになったりするからです。このような心理を**好意の互恵性**と言います。

　質問によって、相手の新たな一面や意外だった一面などを知ることができると、援助職のその人に対する関心がさらに高まり、相手に質問したいことが増えていきます。そのような援助職の姿勢が、相手との心の距離＜**心理的距離**＞を縮めていくのです。

▌根掘り葉掘りの質問は逆効果

　質問するときは、効果的に好意が伝わるように、援助職の表情や視線、姿勢などの非言語も意識しましょう。質問している援助職が、無表情で、無関心なそぶりでは、相手は快く答えようという気持ちにはならないでしょう。

　また、相手のプライベートなことを根掘り葉掘り、質問するのは逆効果です。個人的に興味・関心を持ったことがあっても、それを質問するときは、相手が援助の対象者であることを忘れないようにしましょう。個人的な質問が多いと、会話が本来の目的から離れた方向に向かってしまうので注意が必要です。

質問するときに好意が伝わる非言語・好意が伝わらない非言語

効果的に好意を伝える非言語
- 少しだけ相手のほうに身を乗り出す
- 視線と視線を合わせて、アイコンタクトをとる
- 話の内容にあった表情

好意が伝わらなくなる非言語
- 記録やメモから顔を上げない
- 視線を合わせない／相手の顔を見ない
- 無表情／不自然な笑い

好意の互恵性

援助職：「○○について、お詳しいですね。いつから○○をしているのですか？」

相手 ♪

相手に好意が伝わる →
← 援助職に好意を感じる

好意が伝わりにくい質問例

援助職：「私も○○にとても興味があって……。○○するのに、けっこうお金がかかりますよね？ 毎月だと、お金がかかって大変じゃないですか？」

相手：……

興味本位でプライベートなことを質問すると…

相手は負担に感じる

> 🔑 キーワード　類似性の要因

質問の効果4　＜会話の促進＞
質問して、会話を弾ませよう

▍質問は、会話への参加を促す

　援助の対象者のなかには、積極的に自分の話をする人もいれば、コミュニケーションが苦手で、会話に消極的な人もいるでしょう。
　質問は、コミュニケーションが苦手な人にも、効果的に会話への参加を促します。
　会話に消極的な人には、つい援助職から話題を提供して、あれこれ一方的に話し続けてしまいがちです。区切りのよいところで一呼吸おいて、「○○さんは、どう思いますか？」などと、質問をしてみましょう。質問されたことで、相手は話の内容に意識を向けることができます。そして、その質問に回答することで、相手が会話に参加するきっかけになるのです。

▍共通点がなくても会話を弾ませる方法

　さらに、会話を弾ませるためには、自分と相手との間に共通点を見つけるとよいでしょう。例えば、「出身地が同じ」などの共通点が1つでもあると、互いに親しみを感じて、心の距離がぐっと縮まります。これは、"似たもの同士は親しくなりやすい" という**類似性の要因**が働くからです。
　しかし、共通する話題が見つからないときもあるでしょう。そのようなときは、相手が答えたくなるような質問をしてみましょう。例えば、その人がよく知っていることや、好きでやっていること、得意な分野に関する質問などです。相手は、自分のよく知っていることなら、快く、積極的に、その質問に答えてくれるでしょう。
　「私は、詳しく知らなくて……。○○って、どのようなものなのですか？」などと質問すると、教えてほしいという援助職の気持ちが伝わり、相手は気分よく話をすることができるのです。

会話を弾ませる質問

- 相手がよく知っていることについての質問
  「私は、詳しく知らなくて……。○○って、どのようなものですか？」

- 相手が好きでやっていることについての質問
  「○○を始めたきっかけは何だったのですか？」

- 相手の得意な分野についての質問
  「上手に○○するコツって何ですか？」

- 相手が気軽に答えられる質問
  「ご出身は○○県なのですね。○○県のどの辺りですか？」

- 相手が持っている経験や考えを答えることができる質問
  「以前は、どのようなお仕事をされていたのですか？」

- 相手の考えをよい方向に導き、気づきを得られる質問
  「○○さんが目標を達成されたことを、まず誰に報告したいですか？」

- 答えることが楽しくなる質問
  「もう1ヵ月続けられたら、自分にどんなご褒美をあげたいですか？」

> 会話が弾むと、互いに、コミュニケーションの楽しさを感じることができます。相手が答えたくなるような質問をすることで、自然と相手との距離も近づき、信頼関係を築くこともできるでしょう。

1 もっと質問してみよう

類似性の要因

🔑 キーワード　発問／インプット／アウトプット

質問の効果5　＜発問法＞
質問して、思考や気づきを促そう

情報を引き出す質問、思考を促す発問

　教育の分野では、生徒や学生に対して、教員が教育的な意図を持って問う行為を**発問**と言います。"発問"は学習を促進するために問う行為であり、答えを知るために尋ねる"質問"と区別されることもありますが、上手な質問には、発問と同様の効果が期待できるでしょう。

　援助の現場においても、援助職が上手に問いかけることで、質問と発問の両方を活用することができます。例えば、アセスメントでは、質問によって、相手が持っている情報を引き出します。同時に、考えなければ回答できない質問をすることで、相手の思考を促すこともできるでしょう。発問の効果によって、相手は、問われたことを振り返ったり、思考を深めたりして、新たな気づきを得ることができるのです。

問われると、考える

　私たちは、質問をされると、その質問に答えようとして考え始めます。外に向いていた意識が、質問されたことによって、内側へと向かうからです。

　例えば、「あなたは、〇〇の存在を信じますか？」などと、テレビ番組や本のなかで、ただ投げかけられただけの質問でも、私たちは問われると答えたくなるのです。

　目の前にいる援助職から直接的に質問されれば、適度な強制力も加わって、相手に問われた内容に向き合ってもらうことができるでしょう。援助職が一方的に話し続けると、相手は、話に耳を傾けているだけの受け身の状態になり、その話とは関係のないことを考えてしまうかもしれません。援助職が問いかけると、相手は他のことを考える余裕がなくなります。自分のこととして、主体的に考えてもらうためには、相手に質問をすることが効果的なのです。

 脳を活性化するのはアウトプット

　新聞を読んだりテレビを見たりして知識を得る、「○○してください」「○○したほうがいいですよ」などと言われたことを頭に入れる、のは"**インプット**"です。それに対して、"**アウトプット**"は頭のなかにある情報を外に出すことを言います。インプットしているときの脳は受動的ですが、自分の考えやアイデアを誰かに話したり、問いかけられたことに答えたりしてアウトプットするときは、脳が活性化するのです。

🔑 キーワード **内接的なかかわり／外接的なかかわり**

質問の効果6 ＜内接的なかかわり＞
質問して、表現してもらおう

問いかけて表現を促す

　質問には、その人が抱いている感情を明確にする効果もあります。

　例えば、「もう自信がなくなってしまって……」という言葉の背景には、さまざまな感情が混在していることがあります。悲しい気持ちや情けない気持ちのほかにも、自分に対する呆れた気持ち、取り組んできたことを投げ出したい気持ち、あるいは、誰かに肯定してもらいたい気持ちなどが入り混じっているかもしれません。「自信がなくなってしまって……」と言った本人も、実は、自分の感情がはっきりわかっていないこともあるのです。「自信がなくなってしまったのですね」などと、相手の言葉を受けとめてから、「そのように思うきっかけは何だったのですか？」「今は、どうしたい気持ちですか？」などと問いかけて、相手の表現を促すとよいでしょう。

　「そんなこと言わずに……」などと、相手の言葉をすぐに否定したり、「大丈夫ですよ」などと安易になぐさめたりして、会話を終わらせてしまうと、相手の感情は明確にならないまま、心の奥に残ってしまいます。

内接的なかかわりに不可欠な質問

　話には、「話の内容」と「話に伴う感情」の2つの構成要素があります。相手の言葉を額面どおりに受け取って、話の内容に働きかけることを**外接的なかかわり**と言い、それに対して、その話に伴う感情への働きかけを**内接的なかかわり**と言います。

　質問は、内接的にかかわるうえで欠かせないコミュニケーション技術です。援助職が質問することで、自分でもはっきりしていなかった気持ちが徐々に整理されて、相手は、自分の感情と向き合えるようになるのです。

外接的なかかわり・内接的なかかわり

相手が「問題（眠れないこと）」に対して、助言を求めているときに適しています。

「問題（眠れないこと）」に影響を及ぼしている、相手の悩みや感情を表現してもらうときに適しています。

浮かない表情をして、「夜眠れない日が続いていて……」と話す相手に、「それなら、昼寝をしないほうがいいと思いますよ」などと助言をするのは、外接的なかかわりです。それに対して、内接的なかかわりでは、「それは、つらいですね」などと共感を示したり、「何か、ご心配なことがあるのですか？」などと、相手に表現を促す質問をしたりします。そのときの状況に応じて、適切なかかわり方を選びましょう。

他職種や上司に相談するときの質問

　援助職は、対人援助の専門家であると同時に、組織で働く一員でもあります。

　援助の対象者と良好な関係を形成したり援助に必要な情報を共有したりするときだけでなく、組織のなかで上司や同僚、他職種と協働する際においても、コミュニケーションは欠かせません。

　上司や先輩職員に助言を求めたり、他職種に相談したりする場面では、「どうしたらいいでしょうか？」と質問してしまいがちですが、これでは、相手は、問題を丸投げされたように感じるでしょう。ただ漠然と「どうしたらいいでしょうか？」と相談されても、相手も、「どうしたらいいと思う？」と質問で返したくなるのです。

　あらかじめ自分の考えをまとめたうえで「私は○○と考えているのですが、アドバイスをいただけますか？」「このようにしたいと考えていますが、どう思いますか？」などと、相手が具体的に助言できるような質問を心がけましょう。

第2章

質問力を高めよう

　　　第2章では、質問力を高めるための8つのポイントを紹介します。
　　質問する技術は、対人援助の現場において不可欠なコミュニケーション・スキルです。
援助の対象者の意思を確認するときや、自己決定をサポートするとき、アセスメントするとき
　　　　　など、援助の現場では日常的に多くの質問が用いられています。
　　質問するときは、8つのポイントを意識してみましょう。ちょっとした工夫や心がけで、
　　　　「いつもの質問」が、より効果的なコミュニケーション・スキルに変わります。

質問力を高める8つのポイント

- ポイント1：　質問は、一度に1つ！
- ポイント2：　質問は短く、シンプルに！
- ポイント3：　相手が話したいことを質問！
- ポイント4：　質問で、広げる！
- ポイント5：　質問で、深める！
- ポイント6：　質問で、具体化する！
- ポイント7：　ポジティブに質問！
- ポイント8：　答えたくなる一言をプラス！

🔑 キーワード　コミュニケーション

質問するときの基本
質問は、一度に1つ！

■ 質問が伝わらなければ、回答できない

　質問する力は、援助職に不可欠なコミュニケーション・スキルです。
　この「質問もコミュニケーション」という視点を意識すると、どうしたら上手に質問することができるのか、そのヒントが見えてくるでしょう。
　コミュニケーションとは、自分と相手との間でメッセージを伝達し、共有することです。共有するためには、双方がそのメッセージを理解し、了解し合うことが必要でしょう。質問するときも同様です。あなたが、相手に回答してもらいたいことは何なのかが、相手にも理解できるように質問しましょう。質問の内容が共有できなければ、相手は適切に回答することができません。回答してもらいたいことを、確実に、相手に理解してもらうためには、質問は一度に1つが基本です。

■ 1つの質問に、1つの事柄

　「質問は一度に1つ！」とは、質問の回数を意味しているだけではありません。質問は一度に1つだけでも、その1つの質問のなかに、2つ以上の事柄が含まれている場合があります。例えば、「明日の午前か、午後に来ていただけますか？」のような質問をすると、相手が「はい」と返事をしても、それが何に対する「はい」なのかが明確になりません。明日来てもらえることはわかっても、来てもらえるのが午前なのか、午後なのかがわからず、再度「午前ですか？それとも、午後ですか？」と質問して確かめることになるのです。
　一度にあれもこれも尋ねよう、と欲張らずに、1つの質問のなかで尋ねる事柄は1つだけにしましょう。「明日、来ていただくことは可能ですか？」と尋ねてから、「午前と午後、どちらがよろしいですか？」あるいは「何時頃、お越しいただけますか？」と順を追って、1つずつ質問するとよいでしょう。

ポイント1 質問は、一度に1つ！

- 1つの質問のなかで、尋ねる事柄は1つだけ
- 相手の回答が終わってから、次の質問をする
- 順を追って、1つずつ質問する

会話例

援助職：明日、来ていただくことは可能ですか？

相手：はい

援助職：午前と午後、どちらがよろしいですか？

相手：午後のほうがいいですね

援助職：何時頃、お越しいただけますか？

相手：では、午後1時に来たいと思います

スキルアップ

回答するための時間に配慮する

「○○について、どのように思いますか？」などと質問されると、私たちは頭のなかで、問われている内容を理解し、自分が何を答えたらよいのかを考え始めます。自分の意見を整理したり、想いを振り返ったりして、何をどのように回答するのかを組み立てるのです。

質問に回答するためには、個人差はありますが、考える時間が必要です。相手が回答するための時間に配慮して質問をしましょう。

ただし、質問した後に、いつも時間が必要とは限りません。例えば、「おいくつですか？」「同居されているご家族は何人ですか？」などの質問は、答えることが決まっているため、すぐに回答できるでしょう。また、「これまで、○○したことはありますか？」のような質問には、通常、「はい」あるいは「いいえ」を選ぶだけで回答することができます。

相手に、すぐ回答してもらえる質問は手際よく進めて、しっかり考えてもらいたい質問に十分な時間を確保するようにしましょう。

🔑 キーワード　質問の意図

何を問われているのかが、わかることが大切
質問は短く、シンプルに！

長すぎる質問は理解が困難

　わかりやすさを大切にするのであれば、質問は短く、シンプルであることが一番です。長い説明とともに質問をすると、相手は、何を問われているのかが理解できず、適切に回答することができません。

　例えば、「ご家族が話し合いをしたときのことをお伺いしたいのですが、そのなかで、特にお父様がこれまで反対されていたようだったので、話し合いでどのような意見が出たのかを知りたいのですが、仰っていたことはどのようなことだったのですか？」というのは、長すぎて、わかりづらい質問の例です。長い説明を含む質問をすると、相手は、何を答えればいいのかが、わからなくなってしまうでしょう。

　「ご家族の話し合いの場で、お父様はどのように仰ってましたか？」などと、短く、シンプルに尋ねて、相手に回答してほしいことを、わかりやすく伝えましょう。

言葉の省きすぎは逆効果

　ただし、短く、シンプルにしようとして言葉を省略しすぎると、**質問の意図**が伝わらなくなるので注意が必要です。例えば、「最近、どうですか？」と唐突に尋ねると、相手は「えっ、何が？」と思うでしょう。必要な言葉まで省いてしまうと、その質問にどのような目的があり、援助職が何を知りたいのかが、相手に伝わりません。意図のわからない質問に対して、相手は、回答することを警戒してしまうかもしれません。

　例えば、「退院後、症状は安定していますか？」「この1週間、お子さんはどのように家で過ごしていますか？」などと、人、場所、時間、期間などを明確にすると、質問が具体的になります。

ポイント2 質問は短く、シンプルに！

- 何を問われているのかが、相手にわかるように質問する
- 意図のわからない質問にならないように、言葉の省きすぎに注意する
- 人、場所、時間、期間を明確にして、具体的に質問する

省略しすぎた場合

援助職：最近、どうですか？

相手：……。（最近って、いつのこと？ どうですかって、何が？）

言葉を省略しすぎると、援助職が何を尋ねようとしているのかがわからず、相手は回答に困ってしまうこともあります。

質問が具体的になった場合

援助職：この1週間、お子さんはどのように家で過ごしていますか？

相手：この1週間は、家でゲームをしたり、兄弟と遊んだりして、比較的静かに過ごしていました

尋ねられていることが具体的であれば、相手は回答しやすくなります。

🔑 キーワード　満足度の高い質問／援助職本位の質問

マトリクス表で、その質問の位置を確認
相手が話したいことを質問！

■ 自分も相手も、満足する質問

　援助職の問いかけに、相手がいつも積極的に回答してくれるとは限りません。相手が回答したくなる質問もあれば、できれば回答したくない質問もあるでしょう。そして援助職も、いつも相手に回答を求めて質問をしているとは限りません。＜**社交辞令的な質問**＞のように、回答そのものに、それほど関心を持っていない質問もあるからです。

　相手が「回答したい質問」「回答したくない質問」を横軸に、援助職が「回答を求めている質問」「回答を求めていない質問」を縦軸に位置づけると、次ページのように、マトリクス表で質問を整理することができます。

　質問をするときには、その質問がどの位置にあるのかを意識しましょう。

　最もよい質問は、相手が回答したい内容。かつ、援助職が回答を求めている内容の質問です。相手は、自分が話したいことであれば、積極的に質問に答えてくれるでしょう。援助職も、求めていた情報を十分に得ることができるので、相手と自分の双方にとって＜**満足度の高い質問**＞になります。

■ 誰のための質問？

　しかし、援助の現場では、相手が回答したくない質問をしなければならないときもあるでしょう。援助職の知りたいことのみを優先すると、それは＜**援助職本位の質問**＞になりがちです。相手が回答したくない質問をするときは、できる限り、負担にならないように配慮する必要があります。

　それとは反対に、「それは、大変だったでしょう？」などは、援助職が回答そのものを求めている質問ではなく、相手に対する＜**気配りの質問**＞と言えるでしょう。このような質問は、相手が、援助職に聴いてもらいたいと思っていることを話すきっかけとなるのです。

ポイント3 相手が話したいことを質問！

- その質問がマトリクス表のどの位置にあるのかを意識する
- 最もよい質問とは、援助職が求めている回答で、相手が話したいと思える質問
- 相手が回答したくない質問をするときは、負担にならないような尋ね方をする

＜質問のマトリクス表＞

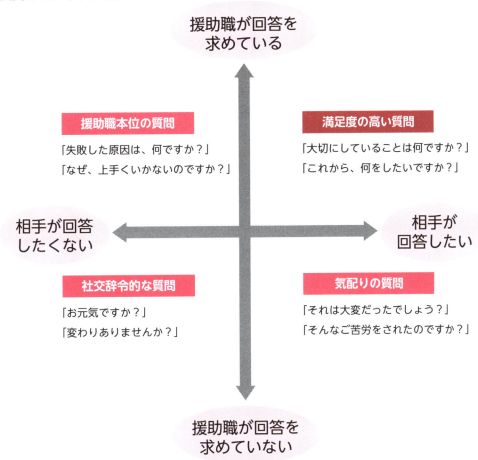

🔑 キーワード　それから質問／視野を広げる質問

大きく、広く引き出す
質問で、広げる！

■ 相手の話を促す「それから質問」

　それから質問とは、相手の話を促す質問のことです。相手の話が途切れがちなときは、「それから、どうしたのですか？」や、「それで、どうなったのですか？」などの、それから質問をしてみましょう。その人の話に援助職が関心を持っていることが伝わり、相手の「もっと話をしてみよう」とする意欲を高めます。

　はじめから踏み込んだ質問をすると、相手は、警戒してしまったり、不快になったりしてしまうでしょう。会話では、全体を把握してから、深めたい部分を掘り下げるほうが自然です。まず広く、大きく相手の話を引き出して、その後、「お話のなかの○○についてもう少しお伺いしたいのですが」などと深めたい話題に戻るとよいでしょう。

■ 相手の視野を広げる質問

　会話が行き詰まってしまったら、相手の**視野を広げる質問**をしてみましょう。

　その人のなかに、「どうせ無理」などの思い込みや、「自分にできることは何もない」などの隠れた前提があると、相手の視野が狭くなり、発想が広がりません。「仮に」「もし」などと仮定したり、「いつか時間ができたら」などと思考の枠を取り除いたりして、自由に考えられるような質問をしてみましょう。

　また、目の前の状況に、過度にとらわれている人には、他の人の視点で考えられるような質問や、時間軸をずらした質問をするとよいでしょう。自分の立ち位置から一旦離れて考えてもらうことで、相手の視野を広げるきっかけになるかもしれません。

　視野が広がると、相手は、多角的にものを考えることができるようになります。客観的に状況を捉えてもらいたいときや、柔軟に考えてもらいたいときにも、視野を広げる質問は大いに役立つでしょう。

ポイント4　質問で、広げる！

- 「それから質問」で、相手の話を促す
- 以下の「視野を広げる質問」で、相手の発想を広げる

＜視野を広げる質問と質問例＞

- **仮定して発想の転換を促す質問**

  「仮に、上手くいく方法があるとしたら、それは何だと思いますか？」
  「もし、できることがあるとすれば、それはどのようなことでしょうか？」

- **思考の枠を取り除いて考えてもらう質問**

  「いつか時間ができたら、やってみたいと思っていたことは何ですか？」
  「どのような環境だったら、やる気が出てきそうですか？」

- **条件を提示して発想を広げてもらう質問**

  「それを続けたら、1年後には、どのように変わっていると思いますか？」
  「○歳までにやっておきたいことを3つ挙げるとしたら、それは何でしょうか？」

- **視点を変えて考えてもらう質問**

  「同じことを、あなたの大切な人が体験するとしたらどう思いますか？」
  「あなたが尊敬している○○さんだったら、そのときどうすると思いますか？」

- **時間軸をずらして考えてもらう質問**

  「短期では難しくても、長期で考えてみるとどうでしょうか？」
  「10年くらいたって振り返ったときに、その出来事はどう見えるでしょうか？」

🔑 キーワード　手がかり質問／司法面接

深く、細かく掘り下げる
質問で、深める！

■ 相手の話を深める「手がかり質問」

　「それから質問」を試みた後、広く、大きく引き出した相手の話のなかから、援助職が気になったことや、もっと詳しく知りたいと思ったことについて、尋ねてみましょう。

　相手が話した事柄について、詳細を尋ねる質問のことを、**手がかり質問**と言います。「先程お話していた○○について、詳しく教えていただけますか？」「お話のなかで、予定外の出来事があったと仰っていましたが、それは、どのようなことだったのですか？」などと、手がかり質問をして、話の内容を深く、細かく掘り下げていきます。

■ 会話を深める質問の順序

　会話を深めていくときは、相手が負担を感じないように、十分に配慮することが必要です。はじめから相手の内面に深く踏み込むような質問をすれば、不躾な質問と受け取られてしまい、回答することを拒む人もいるかもしれません。

　一般的に問われた人が負担を感じてしまいがちな質問は、その人のなかにある＜価値＞や＜信条＞に関するものや、これから実行する＜行動＞や＜決定＞に関するものです。これらの質問をするときは、尋ねる順序にも配慮しましょう。相手が答えやすい＜事実＞や＜経験＞に関する質問から始めて、その人の＜感情＞や＜思考＞に関する質問へと深めていくほうが、相手の抵抗をやわらげることができます。

　質問の内容によっては、相手が、「なぜ、そのことを詳しく訊いてくるのだろうか？」と疑問を感じて、回答することを警戒してしまう場合もあります。必要に応じて、質問する目的や理由を伝えましょう。質問の意図が理解できると、相手は、安心して回答することができるでしょう。

ポイント5 質問で、深める！

- 「手がかり質問」で、気になったこと、詳細を知りたいと思ったことを尋ねる
- 質問の順序に気をつける（下図参照）
- 必要に応じて、質問する目的や理由を伝える

＜会話を深めるときの順序＞

答えやすい ↓

① 実際に何があったか**＜事実＞**、やったこと**＜経験＞**
② どのような印象を持ったか**＜知覚＞**、どのような気持ちか**＜感情＞**
③ どのように思っているのか**＜思考＞**、どのように考えたか**＜考察＞**
④ 何を大切にしているのか**＜価値＞**、何を守りたいのか**＜信条＞**
⑤ 何をしようとしているのか**＜行動＞**、何を決めたのか**＜決定＞**

答えにくい

COLUMN 司法面接

　児童虐待などの被害にあった子どもから事情を聴くときには、子どもの負担に配慮しながら、正確な記憶を引き出すことが求められます。そのような場面で、近年、司法面接の手法を導入する動きがあります。**司法面接**とは、法廷でも使用できる、精度の高い供述証拠の聴取をめざした面接法のことで、導入、自由報告、質問、終結の4つの過程で実施されます。最も多くの情報が得られるのは、自由報告からと言われていますが、そのためには導入において、ラポールが形成できることが前提となります。そして、質問の段階では、それから質問や手がかり質問などで自発的な報告を促し、5W1Hを尋ねる質問や「はい」「いいえ」で回答する質問で確認をするのです。司法関係者や児童相談所の職員だけでなく、最初に虐待を発見する立場にある医師や教員、保育士にも、この手法の活用が期待されています。

🔑 キーワード　**チャンクダウン／チャンクアップ**

具体的にイメージを共有する
質問で、具体化する！

■「具体的には？」でかたまりをほぐす

　援助の現場では、相手の言葉1つひとつを、丁寧に理解することが求められます。
　例えば、「今は、健康的な生活を心がけています」という相手の言葉を、「そうですか。それはいいことですね」などと聞きっぱなしにしてしまうと、情報を正確に共有することができません。なぜなら、「健康的な生活」という表現からは、その人がどのような生活を心がけているのかが、実はわからないからです。
「健康的な生活とは、具体的にどのような生活ですか？」「健康的な生活のために、毎日何をされているのですか？」などと、質問によって具体化してみましょう。「早寝早起きしています」「毎日、公園まで散歩をしています」などの、具体的な情報を得ることができます。
　このように、質問によって具体化させていくことを**チャンクダウン**と言います。チャンクには「かたまり」という意味があり、チャンクダウンすることによって、言葉のかたまりを、具体化してほぐしていくのです。

■具体化が難しいときは「例えるとしたら？」

　想いや気持ちを具体的にしてもらうときには、「例えるとしたら、どのような感じでしたか？」などと、相手に、比喩を使って答えてもらうとよいでしょう。
　自分の感情を具体的に説明することが難しい人でも、「そうですね。急に体から力が抜けてしまったような感じでした」などと、例えを使うことで答えやすくなるのです。その例えが意味することを、相手と一緒に探してみましょう。「それは、何もする気になれなくなった、というような感じですか？」などとイメージを具体化するなかで、その人の気持ちに近づくことができるでしょう。

ポイント6 質問で、具体化する！

- 具体的な行動や状態がイメージできないときは、具体化する質問を使う
- 具体化することが難しいときは、「例えるとしたら？」などと質問する

○○とは、何ですか？
具体的にはどういうことですか？
例えば、どのような状態に近いですか？
具体例を挙げていただけますか？
具体的には、どのように行動しますか？
例えて言うと、どのような感じですか？
今日の気分を天気に例えると？

スキルアップ

チャンクアップする

かたまりをほぐしてバラバラにする"チャンクダウン"に対して、散らばっているものを1つのかたまりにすることを"**チャンクアップ**"と言います。
例えば、「休みの日は1週間分の買い出しをする」「毎日掃除はできないので、休みの日にするようにしている」「洗濯は1週間ごとに、休みの日にまとめてしている」などの話を聴いた後、チャンクアップして相手に確認するとよいでしょう。個々の話を収束させて、「つまり、家事は休みの日にまとめてしている、ということでしょうか？」「一言で言うと、休みの日は家事をするために使っている、ということですか？」などと、1つのかたまりにすると、話をわかりやすく整理することができます。

🔑 キーワード　ネガティブ思考／ポジティブ思考

思考がポジティブになると、会話もポジティブに
ポジティブに質問！

ネガティブなことには答えにくい

「なぜ、できないのか？」「どうして、上手くいかないのか？」などの質問には、誰でも答えにくいものです。私たちは、ネガティブな出来事に関して問われると、気持ちが重くなり、思考もネガティブになりがちです。その結果、会話もネガティブな方向に向かってしまうことが多いのです。

例えば、「なぜ、嫁姑関係がよくないのですか？」などと尋ねると、相手は、心理的な負担を感じてしまうでしょう。関係がよくない原因を自分自身に求める人は反省に終始してしまいがちです。相手や家族の誰かに原因があると考える人は、愚痴ばかりになってしまうかもしれません。あるいは、人のことを悪く言うのは気が引ける、自分でもよくわからないなどの理由から、相手が黙ってしまうこともあるでしょう。

ポジティブに考えてもらう

ネガティブな出来事について問いかけるときには、できるだけ、相手の**思考をポジティブ**にする質問を使ってみましょう。

「あなたにとって、どのような嫁姑関係が理想ですか？」などと理想の関係について尋ねると、相手に、本音で話してもらうことができるでしょう。その人が理想とする嫁姑関係がわかれば、何が理由で関係がよくないのか、どうすれば関係を改善できるのかを考えるヒントになるはずです。

「よい嫁姑関係には、どのような特徴がありますか？」などとよい例を参考にしてもらう質問や、自分ができること・できそうなことを考えてもらう質問なども、相手にポジティブに考えることを促す質問です。

相手の思考がポジティブになると、会話も前向きに進むでしょう。

ポイント7 ポジティブに質問！

- 理想を語ってもらう質問をする
- よい例を参考にして考えてもらう質問をする
- できること・できそうなことを考えてもらう質問をする

ポジティブに質問！ とは、けっして、無理に相手を前向きにしようとする質問や、強引に元気を引き出そうとする質問をすることではありません。
相手が、考えることや回答することに負担を感じてしまわないように、ポジティブな側面から、質問をすることです。

スキルアップ

「どうするべきだと思いますか？」は言い換える

援助職が「どうするべきだと思いますか？」と尋ねると、相手は「どう答えるべきか」を考えてしまうでしょう。そして、その人自身の考えや意思ではなく、社会的に容認されそうな正解を答えようとしてしまいがちです。
本人の考えや意思を答えてもらいたいときは、「どうしたいと思いますか？」「何ができると思いますか？」などと、問いかけるとよいでしょう。

🔑 キーワード **承認欲求／承認（アクノレッジメント）**

承認は応えてもらうための動機づけ
答えたくなる一言をプラス！

自分では満たせない他者承認欲求

　私たちは誰でも、人から褒められたり、感謝されたりすると嬉しくなります。それは、私たちのなかに、認められたいという**承認欲求**があるからです。

　承認欲求には、自分で自分を認めたい「自己承認欲求（自尊欲求）」と、他者から認められたい「他者承認欲求」があります。自己承認欲求は自分で満たすものですが、他者承認欲求は、誰かから認めてもらえなければ満たすことはできません。そのため、私たちは、他者承認欲求を満たしてくれた人に、好意を持つ傾向があります。そして、自分を承認してくれた相手に、応えよう、応えたいという気持ちが働くのです。

承認されると応えたくなる

　相手に快く応じてもらうためには、質問に、相手を承認する言葉をプラスするとよいでしょう。では、相手を承認するとは、具体的に何をすることを意味しているのでしょうか。

　承認は、英語では**アクノレッジメント**（acknowledgment）です。この言葉には「気づいたことを知らせること」「事実を認めること」「挨拶すること」「感謝すること」「礼を言うこと」などの意味もあります。

　「気持ちのよい挨拶から、コミュニケーションは始まる！」などとよく言われるのは、挨拶には、相手の存在に気づき、その存在を承認する効果があるからです。

　問いかける前には、挨拶や相手を気遣う一言をプラスしましょう。自分の存在が承認されたことで、相手は、快くその質問に答えてくれるでしょう。挨拶もなく、唐突に質問されるのは、あまり心地良いものではありません。相手は、自分が軽く扱われていると感じてしまい、その後の質問に対して、快く回答する気持ちになれなくなってしまうのです。

ポイント8　答えたくなる一言をプラス！

- **挨拶してから、質問する**

  「おはようございます。夕べはよく眠れましたか？」
  「○○さん、こんにちは。今日はここまで歩いてこられたのですか？」

- **相手を褒める言葉・肯定する言葉をプラスする**

  「○○の経験があるなんて、すごいですね。○○したときは、何歳のときですか？」
  「○○について詳しいですね。○○は、いつからやっているのですか？」

- **感謝の言葉をプラスする**

  「貴重な体験をお話しくださり、ありがとうございます。その体験から得たことは何だったのでしょうか？」
  「ご協力いただけることに感謝しております。それでは○○についてお話しいただけますか？」

- **共感の言葉をプラスする**

  「仰る通りだと思います。もう少し詳しくお話を聴かせていただけますか？」
  「大変でしたね。今は、どのようにされているのですか？」

COLUMN 「お世辞を言う」と「褒める」は違う

　「お世辞を言う」と「褒める」は同じ行為のように思われがちですが、その行為をする側がどのような意図をもっているのかに違いがあります。お世辞を言うとは、その人が喜ぶようなことを言葉で伝えて、相手の機嫌をとる行為のことです。「おべっかを使う」「媚びを売る」「ゴマをする」などと言い換えることもできるでしょう。それに対して、褒めるとは、肯定的に評価してその人の強みを承認することです。「お世辞を言っていると誤解されるのでは？」と心配になって、相手を褒めることができない人は、相手の存在を認める挨拶、相手を気遣う言葉、相手への共感を伝える言葉、相手に感謝する言葉などで承認するとよいでしょう。

問いかけを変えると反応が変わる?!

　質問する内容は同じでも、援助職がどのように問いかけるのかによって、相手の回答に影響を及ぼすことがあります。援助職が詰問するような口調だったり、丁寧さに欠ける尋ね方をしたりすると、相手は「この人には話したくない！」と、回答することを拒んでしまうかもしれません。

　例えば、「名前は？」より「お名前を教えてください」、「住んでいるところは？」より「お住まいはどちらですか？」などと、事務的な質問であっても丁寧に尋ねましょう。

　援助職が直接、対面で質問をするからこそ得られる情報がたくさんあります。相手が快く、あるいは、安心して回答することができるように、質問するときは柔らかく聞こえる口調で、丁寧な問いかけを心がけましょう。

　質問もコミュニケーションです。質問に対する回答のみを相手に求めるのであれば、それはただの情報収集であり、相手に質問紙を渡して、回答を記入してもらうことと変わらないでしょう。

第3章
この質問では上手くいかない

第3章では、失敗しやすい質問について学びます。
質問には、さまざまな望ましいコミュニケーション効果がありました（第1章）。
しかし、ただ質問をすればよいわけではありません。
質問には、望ましくない効果をもたらすものもあります。
あなたは、援助の現場で、適切な質問を使っていますか？
あなたの質問の癖をチェックしてみましょう。

Worksheet
ワークシート

あなたの質問するときの癖は？　　ダウンロード対応

- [ ] 1．「なぜ？」「どうして？」と尋ねる癖がある
- [ ] 2．説明した後に、相手に「わかりましたか？」と確認している
- [ ] 3．「買い物や散歩に出かけることは好きですか？」などと、1つの質問のなかで2つ以上のことを尋ねてしまう
- [ ] 4．「参加すると楽しいと思いますが、どうなさいますか？」などと、相手の意思を確認する前に、自分の考えを伝えている
- [ ] 5．「最近、いかがです？」と問いかけても、「ええ、まあ」の回答で会話が終わってしまうことが多い
- [ ] 6．予測していた通りかどうかを確かめたくて、「やはり、○○ですか？」「本当は、△△なのでしょう？」などと尋ねることがある
- [ ] 7．訊きたいことや知りたいことがあると、次々に質問してしまいがちである

Worksheet ＜あなたの質問するときの癖は？＞解説

いかがでしたか？
　質問は、単なる情報収集の手段ではありません。「質問するときもコミュニケーション」と意識することが、質問力を高める第一歩です。
　☑がついた質問について、以下のページに詳しい説明があります。

1に☑ ➡ p.54　相手を萎縮させてしまう質問
「なぜ？」「どうして？」などの質問が続くと、相手は問いつめられているように感じて、萎縮してしまいます。質問に対して、相手から「だって、それは……」という言い訳や、「すみません」などの謝罪が返ってきたときは、質問が詰問になっているのかもしれません。

2に☑ ➡ p.58　相手がプレッシャーを感じる質問
「わかりましたか？」という質問は、わかったことを前提としているような確認の方法です。問いかけられた相手は、プレッシャーを感じて、わからないことがあっても「はい、わかりました」と回答してしまいがちです。

3に☑ ➡ p.60　相手を混乱させてしまう質問
「買い物や散歩に行くことは好きですか？」という質問には、「買い物に行くことは好きですか？」と「散歩に行くことは好きですか？」の2つの質問が含まれています。「買い物に行くのは好きだけど、散歩は好きではない」という人は、この質問に対して、どのように回答したらよいのか混乱してしまうでしょう。

4に☑ ➡ p.62　相手を誘導してしまう質問
「参加すると楽しいと思いますが、どうなさいますか？」のように、援助職の主観的な判断を前提として質問すると、相手は「では、参加します」と回答してしまいがちです。このように問いかけられると、相手は、参加したくない、あるいは、参加できない理由や思いがあっても言い出しづらくなってしまうでしょう。

5に☑ ➡ p.64　相手を困らせてしまう質問

「最近、いかがですか？」と問いかけると、相手は、自分が話したいと思っていることを自由に選んで答えることができます。相手から、広く情報を引き出したいときに有効な質問ですが、自己表現が苦手な人に、このような漠然とした質問をすると、「どう答えたらよいのだろう」と困らせてしまうこともあります。

6に☑ ➡ p.66　相手を不愉快にさせてしまう質問

「やはり、〇〇ですか？」「本当は、△△なのでしょう？」などと、援助職の予測を押しつけるような質問は、相手を不愉快にさせてしまいます。相手は、勝手に決めつけられたと、受け取ってしまうかもしれません。

7に☑ ➡ p.68　相手を置き去りにする質問

訊きたいことや知りたいことを次々に質問すると、情報を効率よく収集することができる一方で、相手を置き去りにしてしまうことがあります。質問に対する回答を、ただ求められるだけでは、相手は会話をしているのではなく、調査や取り調べを受けているように感じるでしょう。

☑が1つもなかった人は……

かなりの「質問上手」と言えるでしょう。第3章と第4章のワークシートにチャレンジして、あなたの質問する力に磨きをかけましょう。総合的なコミュニケーション力を高めるために、第5章の＜あなたの聴くときの癖は？＞もチェックしてみましょう。

キーワード 「なぜ」「どうして」／合理化

「なぜ、そんなことを言うのですか？」
相手を萎縮させてしまう質問

「なぜ」「どうして」は叱責？

「なぜ」「どうして」は、注意したい質問の代表です。

私たちは理由や原因、根拠を求めるときに、「なぜ、援助の現場ではコミュニケーションが欠かせないのか？」「どうして、記録することが必要なのか？」などと、「なぜ」「どうして」をよく使っています。

ところが、「なぜ、そんなことを言うのですか？」「どうして、○○しなかったのですか？」などと、その人の行為に対して「なぜ」「どうして」を使うと、相手を萎縮させてしまう質問になります。それは、**「なぜ」「どうして」**が、相手を叱責するときにも使われる表現だからです。「なぜ、そんなことを言うのですか？」という問いかけが、相手には、「そんなことを言うべきではない」という叱責の表現に聞こえてしまうのです。相手が、質問に対する回答ではなく、「だって……」という言い訳を探し始めたら、自分が非難されているような心地悪さを感じているのかもしれません。

主語は「人」より「事柄」

原因を明確にしたいときは、人に焦点を当てない質問をするとよいでしょう。
「どうして、（あなたは）今まで相談しなかったのですか？」と尋ねるより、「相談しなかった理由は何ですか？」などと事柄に焦点を当てて質問します。主語を「あなた」から、「相談しなかった理由」に言い換えるだけで、質問の意図が誤解されることなく伝わります。「今まで相談しなかったのは、どういう気持ちがあったからですか？」などと気持ちを尋ねたり、「今まで相談しなかったのは、何か（誰か）のためだったのですか？」などと目的を尋ねたりする質問もよいでしょう。

p.56のワークシート「「なぜ」「どうして」を使わない質問」にチャレンジしてみましょう。

相手が萎縮してしまう質問と対策

例「どうして、今まで相談しなかったのですか？」

⬇ ○ こうすれば良くなる

人に焦点を当てない質問を使ってみましょう

例「今まで相談しなかった理由は何ですか？」

例「今まで相談しなかったのは、どういう気持ちがあったからですか？」

例「今まで相談しなかったのは、何か（誰か）のためだったのですか？」

- 事柄に焦点を当てる「理由は何？」「何が要因？」
- 気持ちを尋ねる 「どういう気持ちで？」
- 目的を尋ねる 「何のために？」

 合理化

　私たちは不安定な心理状態になると、防衛的になって自分を守ろうとします。そして、心理的な安定を保つために、無意識のうちに心の操作を行うのです。

　「だって、私はそうしようと思っていたけど、周囲が反対するから……」などと言い訳をする人は、自身の行動によってもたらされた不安や緊張から、自分を守ろうとしているのかもしれません。このように、もっともらしい理由をつけて言い訳をしたり、弁解しようとして自分を正当化したりすることで、心理的な安定を保とうとする心の働きを**合理化**と言います。

　相手から、質問に対する回答ではなく、「だって……」などと言い訳が返ってきたときは、質問の意図が正確に伝わっていないサインかもしれません。叱責された、非難された、などと相手に誤解されないように、適切な質問の仕方を心がけましょう。

Worksheet ワークシート

「なぜ」「どうして」を使わない質問

ダウンロード対応

以下の質問には、「なぜ」「どうして」という表現が使われています。
「なぜ」「どうして」を使わないで尋ねるとしたら、どのように質問したらよいでしょうか。
言い換えてみましょう。

1. 「なぜ、こんなことをしたのですか？」　➡　言い換え　[　　　　　　　　　　　　]

2. 「なぜ、連絡しなかったのですか？」　➡　言い換え　[　　　　　　　　　　　　]

3. 「どうして、あなたは父親に反発してしまうのですか？」　➡　言い換え　[　　　　　　　　　　　　]

4. 「なぜ、こんな状況になったのですか？」　➡　言い換え　[　　　　　　　　　　　　]

5. 「なぜ、そういう考えをするのですか？」　➡　言い換え　[　　　　　　　　　　　　]

6. 「どうして、言われた通りにしなかったのですか？」　➡　言い換え　[　　　　　　　　　　　　]

解答例

いかがでしたか。「なぜ」「どうして」型の質問が口癖になっていると、言い換えが難しく感じられたかもしれません。「なぜ」「どうして」を使わなくても質問できるように、人に焦点を当てない質問もレパートリーに加えておくとよいでしょう。

1. 「このようになった経緯を教えていただけますか?」
   「このようにしたお考えを聞かせていただけますか?」

2. 「連絡しなかった理由は何でしょうか?」
   「連絡しなかったのは、どのような気持ちからだったのですか?」

3. 「父親に反発するのは、どのようなときですか?」
   「反発するのは、どのような気持ちがあるからですか?」

4. 「このような状況になった理由を、どんなふうにお考えですか?」
   「このような状況に至った経緯をお話ししていただけますか?」

5. 「そう考えるようになったきっかけは何ですか?」
   「そのように考える背景には、どんな気持ちがあるからですか?」

6. 「言われた通りにしなかった理由を教えていただけますか?」
   「言われた通りにしなかったのは、何(誰)のためだったのですか?」

> 「なぜ」「どうして」と質問するより、行動の理由や要因、目的、あるいは行動に伴う気持ちなどを質問してみましょう。相手がどのような基準で判断し、その行動の背景にどのような感情があるのかを知ることができます。

🔑 キーワード 「ありますか？」

「質問はありますか？」「わかりましたか？」
相手がプレッシャーを感じる質問

■ 質問がないのは、理解できているから？

　援助の現場では、援助の対象者やその家族から、提供するサービスなどについて説明を求められる機会が多いでしょう。一方的な情報提供にならないように、説明した後は、相手の理解度を確認することが大切です。あなたは、どのような質問を使って確認をしていますか？

　確認するときに多いのが、「質問はありますか？」と、**ありますか**」型の質問で尋ねる方法です。質問の有無を「はい」「いいえ」で回答してもらうシンプルな方法ですが、「いいえ」の回答には注意が必要です。なぜなら、「いいえ」「特にありません」と回答する人のなかには、すべて理解できた人だけでなく、何を質問したらいいのかがわからない人も含まれているからです。自分のなかで何がわからないのかが明確にならないと、「はい、質問があります」と返事をすることはできません。わかったこと、わからなかったことを整理する時間が必要な場合、「はい」か「いいえ」で回答を求めようとすると、相手を焦らせてしまうこともあるのです。

■「わかりましたか？」はプレッシャー

　「質問はありますか？」のほかにも、確認するときつい使ってしまうのが、「わかりましたか？」という問いかけです。わかったときは「はい」、わからなかったときは「いいえ」と回答してもらう質問ですが、「わかりましたか？」と問われると、わかったことを前提として確認されているようで、尋ねられた相手はプレッシャーを感じてしまうことがあります。その結果、わからないことがあるときでも、つい「はい」と回答してしまいがちです。「ここまでの説明で、気になっていることがあれば教えていただけますか？」などと、わからないことを尋ねるほうがプレッシャーになりません。

相手がプレッシャーを感じてしまう質問と対策

例「わかりましたか？」 例「理解できましたか？」

↓ ○ こうすれば良くなる

プレッシャーをやわらげる質問を使ってみましょう

- 例「ここまでの説明で、気になっていることがあれば教えていただけますか？」
- 例「一緒に、確認しておきたいことはございますか？」
- 例「もう一度説明してほしいと思われたところはございませんか？」
- 例「もう少し説明が聞きたいと思った箇所があれば教えていただけますか？」
- 例「今、不安を感じることがあれば、お話ししていただけますか？」
- 例「最後に、確認しておきたいことはございますか？」

わかったことを前提とせずに、「気になっていること」「不安を感じること」「もう一度説明してほしいと思うところ」などの表現を使って確認するほうが、相手の心理的な負担を軽減することができます。

↗ スキルアップ

「○○するつもりはありますか？」は言い換える

相手の意思を確認するときに、「○○するつもりはありますか？」という質問を使うときがあります。この質問を相手の行為に対して、「なんでいつもやらないのですか？ やるつもりはありますか？」などと使うと、相手は脅かされたように感じてしまうので注意が必要です。「やるつもりはありますか？」と尋ねても、相手はあるとしか答えようがありません。「ありますか？」の質問を、「どのように考えているか、教えていただけますか？」などと、本人の考えを自由に話してもらう質問に言い換えてみると、自発的な発言が増えてくるはずです。

🔑 キーワード　ダブルバーレル質問／否定疑問文／二重否定文

「食事や睡眠は適切ですか？」「やりたくないと思ったときはないですか？」

相手を混乱させてしまう質問

2つの事柄を同時に尋ねる質問

「食事や睡眠は適切にとっていますか？」という質問には、「食事は適切にとっていますか？」と「睡眠は適切にとっていますか？」の2つの質問が含まれています。このような質問を使うと、「食事はとっているけど、睡眠不足」という人は、どのように回答したらよいのか迷ってしまうでしょう。相手が「はい」と回答しても、食事が適切なのか、睡眠が適切なのか、それとも両方適切なのかがわかりません。何に対する「はい」なのかが明確にならなければ、正確な情報を得たことにはなりません。

このように2つの内容を同時に尋ねる質問を、**ダブルバーレル質問**と言います。ダブルバーレルとは2つの弾丸が同時に発射される二連発銃のことです。2つの事柄を同時に尋ねる質問は二重の目的を持つことからダブルバーレル質問と呼ばれます。

回答するときに負担になる質問

回答する人を混乱させてしまう質問はほかにもあります。否定疑問文を使った質問や二重否定文を使った質問です。

否定疑問文とは、否定語を伴う疑問文のことです。例えば、「あなたはそのサービスを利用したことはありませんか？」は、否定疑問文を使った質問です。このような質問には、どのように答えたらよいのか、戸惑ってしまう人もいるでしょう。

二重否定文とは、否定の意味を持つ語を二度使用している文章のことです。二重否定文を使って質問すると、「やりたくないと思ったことはないですか？」「サービスを利用したくないわけではないのですか？」などとなり、これでは、相手は何を尋ねられているのかがわかりません。相手は、質問の意味を理解しようとするだけ負担を感じて、回答する意欲を低下させてしまうでしょう。

相手を混乱させてしまう質問と対策

- ダブルバーレル質問 「食事や睡眠は適切にとっていますか？」

➡ **正確な情報を得るために、質問を分ける**
「食事は適切にとっていますか？」と「睡眠は適切にとっていますか？」

➡ **一度にあれもこれもと欲張らずに。1つの質問で尋ねることは1つだけに**

- 否定疑問文を使った質問 「そのサービスを利用したことはありませんか？」

➡ **シンプルに尋ねる**
「そのサービスを利用したことはありますか？」

- 二重否定文を使った質問 「やりたくないと思ったことはないですか？」

➡ **なるべく簡潔に尋ねる**
「やりたくないと思ったことはありますか？」
あるいは「やりたくないときはありましたか？」

COLUMN これもダブルバーレル質問

「楽しく会話をするために、コミュニケーション技術を学ぶことは大切だと思いますか？」と問われたら、あなたはどのように回答しますか？
「もちろん、『はい』です」と回答する人もいれば、「コミュニケーション技術を学ぶことは大切だと思うけど……」と、回答に戸惑ってしまう人もいるでしょう。コミュニケーション技術を学ぶ目的が、誰にとっても、楽しく会話をするためとは限りません。別の目的のためにコミュニケーション技術の学習が大切だと考える人は、「はい」と回答してよいのか混乱してしまいます。このように、1つの質問のなかに、2つ以上の論点が含まれている質問もダブルバーレル質問です。

🔑 キーワード　**バイアス／誤前提暗示**

「参加すると楽しいと思いますが、どうなさいますか？」
相手を誘導してしまう質問

援助職の判断を前提とした質問

　相手の意思を確認しているようで、実は、相手を誘導してしまう質問があります。
　例えば、「参加すると楽しいと思いますが、どうなさいますか？」と尋ねて、相手に、参加の意思を確認した場合、それは、半ば強制的に「参加しましょう」「参加するべきです」と言っているのと同じです。
　「参加したら楽しいと思います」と援助職の主観的な判断を前提として、「どうなさいますか？」と尋ねれば、相手は、「では、参加します」と答えることになるでしょう。これでは、意思確認の質問ではなく、参加への誘導です。このように問いかけられると、相手は、参加したくない、あるいは、参加できない理由や思いがあっても言い出しづらくなってしまうでしょう。

バイアスがかかった質問

　バイアスとは、考え方や意見に偏りを生じさせるもののことです。例えば、先入観や偏見などもバイアスと言えるでしょう。
　例えば、「外出したのは久しぶりだったから、気分がよかったでしょう？」「今日はご家族と一緒だから、寂しくなくてよかったですね？」などは、援助職のバイアスがかかった質問です。
　「外出したのは久しぶりだったから、気分がよかった」「今日は、家族と一緒だから寂しくない」などと、相手も同じように感じていれば問題はないでしょう。しかし、「外出しなかった間は、気分がよくなかったに違いない」「家族と一緒にいないときは寂しいに違いない」という援助職のバイアスが、相手の回答を「ええ、そうですね」などと誘導してしまうこともあります。

相手を誘導してしまう質問と対策

- **援助職の判断を前提とした質問**
  「参加すると楽しいと思いますが、どうなさいますか？」

➡ **援助職の主観的な判断を前提とせずに、相手の考えや気持ちを聴き取ることが大切**

  「参加について、どうしたいとお考えですか？」
  「今日は、どのように過ごしたいですか？」など

- **バイアスがかかった質問**
  「外出したのは久しぶりだったから、気分がよかったでしょう？」

➡ **援助職のバイアスを入れずに尋ねたほうが、相手は自由に話をすることができる**

  「外出されて、ご気分はいかがでしたか？」

COLUMN

誤前提暗示

「AにしますかP それともBにしますかP」と尋ねられると、私たちはAかBのどちらかを選ぼうとします。例えば、「今すぐやりますかP それとも後でやりますかP」と尋ねられると、素直にどちらかを選ぶ人が多いでしょう。本当は、「やらない」という選択肢もあるはずですが、やることが前提とされているため、「今すぐやる」か、それとも「後でやる」かのどちらかを選ぶことになるのです。

私たちは、本当はAやB以外の選択肢があっても、与えられた選択肢のなかから選んでしまう傾向があります。この傾向を応用して、選んでほしい選択肢のみを提示するテクニックを**誤前提暗示**と言います。

誤前提暗示を上手く活用すると、相手を適切に方向づけることができます。その一方で、相手をコントロールしてしまう危険も伴うため、選択肢の提示には注意が必要です。

🔑 キーワード　漠然とした質問／曖昧な表現

「最近、いかがですか？」「○○することは、よくあるのですか？」
相手を困らせてしまう質問

漠然とした質問

「最近、いかがですか？」「その後、どうですか？」という質問から、会話を始めている援助職も多いでしょう。

　広く情報を引き出したいときは、相手が「はい」か「いいえ」かで返事ができない質問をすると効果的です。相手に、話したいことを自由に選んでもらえるため、通常は、多くのことを話してもらうことができるからです。ところが、自己表現が苦手な人や、口数の少ない人にも、「最近、いかがですか？」などと**漠然とした質問**をすると、「何を言えばいいのだろう」と困らせてしまうことがあります。

　相手の考えや意見を求めるときにも、ただ漠然と「あなたはどう思いますか？」「どのように考えますか？」と質問するだけでは、相手は、何を答えてよいのかがわからず、「どう思いますかって訊かれても……」などと黙ってしまうこともあるのです。

曖昧な表現を使った質問

　例えば、援助職が「○○することは、よくあるのですか？」と尋ねて、相手から「はい」と回答が得られたとします。これで、この会話を終わらせてしまうと、後々大きなトラブルに発展してしまうかもしれません。なぜなら、情報が正確に共有されていないからです。「よくある」という表現からイメージする頻度は、人それぞれに異なります。質問する側の「よくある」と、回答する側の「よくある」が、同じ頻度を意味しているとは限りません。援助職の「よくある」は「ほぼ毎日」を意味する表現であっても、相手の「よくある」は「週に1〜2回」を指しているかもしれません。

　このように受け取る人によって解釈が異なる表現を、**曖昧な表現**と呼びます。曖昧な表現が口癖になっていると、質問も曖昧になりがちです。

相手を困らせてしまう質問と対策

● 漠然とした質問「最近、いかがですか？」

➡ **相手が回答に困っているようであれば、考える切り口を添えてみる**
「前回お会いしてから、ご自身の体調に変化を感じましたか？」

➡ **意見や考えを求めるときも、例や選択肢を示して、考えてもらうとよい**
「例えば、○○することと、△△することなら、どちらがご自身には合っていると思いますか？」

● 曖昧な表現を使った質問「○○することは、よくあるのですか？」

➡ **曖昧な表現を使って質問をすると、回答に困ってしまう人も**

➡ **なるべく正確に情報を把握するためには、具体的に尋ねるとよい**
「どのぐらいの頻度で、あるのですか？」
「週に何回ぐらいあるのですか？」

スキルアップ

曖昧な表現は要確認！

相手の発言のなかに曖昧な表現が出てきたときは、質問によって具体的に確認することを心がけましょう。例えば、「子どもと、ちゃんとコミュニケーションをとるようにします」などと相手が言った場合、「ちゃんとコミュニケーションをとる」という表現が、どのような行動を指しているのかが曖昧です。「時間をかけて話を聴く」ことを意味する人もいれば、「子どもと一緒に遊ぶ」ことをイメージしている人もいるでしょう。

このように相手が曖昧な表現を使ったときは、「例えば、どのようにしていこうと思っていますか？」「では、何から始めてみますか？」などと、具体化するための質問をしてみましょう。「ちゃんとコミュニケーションをとる」ためには、どのような行動が求められるのかを明確にしておくことが大切です。

🔑 キーワード　決めつけの質問／ノーアンサークエスチョン／自己開示

「イライラする原因は、やはり、お子さんですか？」
相手を不愉快にさせてしまう質問

決めつけの質問

　援助の現場では、事前に相手に関する情報を得て、その情報に基づいて何かしらの予測を立ててから、質問をする機会が多いでしょう。

　その際に注意が必要なのが、**決めつけの質問**です。「イライラする原因は、やはり、お子さんですか？」「家族全員で介護をするべきだと、本当は思っているのでしょう？」などと、援助職の予測を押しつけるような質問は、相手を不愉快にさせてしまいます。相手の気持ちに配慮することなく、「やはり、○○ですか？」「本当は、△△なのでしょう？」などと、本音を言い当てようとすると、相手は抵抗を感じてしまうでしょう。

　また、「私も経験があるからわかります。それは○○でしょう？」などと、援助職自身の経験から、予測を立てて質問をする場合も、決めつけにならないように注意しましょう。「それはあなたの経験であって、私のこととは関係ない」などと、かえって相手の心を遠ざけてしまうこともあります。

回答を求めていない質問

　「なぜ、あなたは、○○をするのですか？」のように、主語を「あなた」にして「なぜ？」「どうして？」と尋ねると、相手は、自分が非難されていると感じてしまいます（p.54）。「なぜ？」「どうして？」以外にも、援助の現場で注意したいのが、「また○○するのですか？」という質問です。例えば、「またトイレに行きたいのですか？」などと問われると、相手は「行ってはいけないのか！」と答えたくなるでしょう。それは、「また○○するのですか？」という質問に、「また○○するなんて！」という非難めいた意味合いが含まれているからです。このように、返事のしようがない質問を**ノーアンサークエスチョン**と言います。そもそも、最初から回答を求めていない質問と言えるでしょう。

相手を不愉快にさせてしまう質問と対策

- **決めつけの質問「イライラする原因は、やはり、お子さんですか？」**
  - ➡ **援助職が原因を指摘するより、相手に振り返りや気づきを促すとよい**
    「イライラする原因は、何だと思われますか？」「どんなときに、イライラしますか？」
    - **注意！** 「やはり」「本当は」などの表現を使うと、援助職の予測を押しつけられたようで、相手は、抵抗を感じてしまうことも

- **回答を求めていない質問「また〇〇するのですか？」**
  - ➡ **「どうしましたか？」と相手が回答できる質問をする**
    - **注意！** 非難めいた意味合いの質問は、相手の反発を招いたり、相手を嫌な気分にさせてしまったりするだけ。同じ行為を繰り返しているように見えても、その人なりの理由があるのかも

COLUMN 自己開示の目的

自己開示とは、自分自身のことについて相手に話すことを言い、「自分自身に関する情報を、本人の意思のもとに、強制されることなく特定の他者に対して言語を介して伝達すること」と定義されます。自分をオープンにすることであり、オープンにした内容を、相手に言葉で伝えることと言えるでしょう。

援助職には適度な自己開示が求められます。相手に、安心して何でも話をしてもらうためには、まず援助職から心を開いてオープンになることが大切だからです。援助職が自身の日常の出来事や経験、思い出などを話すことで、相手に、親しみやすさを感じてもらえるでしょう。ただし、援助職の自己開示が、相手の負担になることもあります。出会って早々の多すぎる自己開示や、一方的な自己開示、深すぎる自己開示には注意が必要です。

🔑 キーワード　質問の連打／尋問口調

「それで？　だから？　結局、どうなったのですか？」
相手を置き去りにする質問

矢継ぎ早な質問

　訊きたいことや知りたいことがあると、つい自分のペースで、「それで？　だから？　結局どうなったのですか？」などと質問を重ねてしまいがちです。

　限られた時間内に、必要な情報を収集しなくてはいけない状況では、つい質問が矢継ぎ早になってしまうこともあるでしょう。しかし、効率よく質問をしているつもりでも、矢継ぎ早な質問をすると、相手からの回答をしっかり受けとめることができず、理解がおろそかになりがちです。次々に回答を求められる相手も、焦ってしまい、十分に考えを深めることができません。

　時間に余裕があるときでも、相手への配慮を怠ると、**質問の連打**になりがちなので注意しましょう。自分の質問ばかりを優先すると、独りよがりなコミュニケーションになってしまい、相手を置き去りにしてしまいます。

相手を追い詰めてしまう質問

　矢継ぎ早な質問は、ときに相手を追い詰めてしまう危険性もあります。特に、問題や事故などの原因を尋ねるときは、いつも以上に、質問の内容や問いかけ方に注意しましょう。質問が責任追及や個人攻撃をするような内容だったり、問いかけ方が尋問口調になっていたりすると、相手から回答が得られないだけでなく、援助職に対する信頼の低下につながりかねません。

　また、相手が、緊張感や不安感などを抱いているときには、質問にすぐに回答できないこともあります。そのようなときは、相手が自分自身を責めたりしないように、落ち着いた声のトーンで配慮の言葉をかけましょう。

相手を置き去りにする質問への対策

●質問する前に、まず自問自答してみる

　矢継ぎ早な質問にならないように、1つひとつの質問の目的や必要性を確認しましょう。

　「何のために、その質問をするのか？」「ここで、明らかにしたいことは何か？」「それを尋ねることが援助につながるのか？」「今、その質問をすることはベストだろうか？」などと、相手に尋ねる前に、自問自答してみるとよいでしょう。

自分に質問するポイント

何のために尋ねるのか？	目的は？　理由は？
いつ尋ねるのか？	適切なタイミングは？
何を尋ねるのか？	客観的な事実？　主観的な思い？
どのように尋ねるのか？	答えやすい質問の形式は？

●回答を受けとめてから、次の質問をする

　相手が答えないうちに、違う質問をかぶせてしまう援助職がいます。これでは、相手が頭のなかで、あれこれと考えたことが、無駄になってしまうでしょう。「訊いたら、聴く」が基本です（第5章）。

　質問に対して相手が十分に考えられる時間を確保しましょう。その答えをしっかり受けとめてから、次の質問をすることを心がけましょう。

COLUMN 尋問口調

　尋問（訊問）とは、取り調べなどの場面で、相手を問いただすことを言います。
　援助の対象者を、援助者が尋問することはないでしょう。しかし、**尋問口調**で質問をしている援助職はいるかもしれません。
　尋問には、威圧的に答えを迫る意味合いがあります。以下の会話例のように、「はい」「いいえ」で回答することを求める質問（クローズド・クエスチョン）を連打したり、「なぜ？」「どうして？」を使って質問を投げかけたりすると、相手は、尋問されているように感じてしまうでしょう。
　威圧的に答えを求めているつもりはなく、明るい口調で質問をしていても、援助職が優位に立って会話をコントロールしようとすると、相手は追い詰められた気分になってしまうのです。
　第4章「こんなときはこの質問！」で、用途に応じた効果的な質問を学びましょう。

相手を追い詰めかねない尋問口調の尋ね方

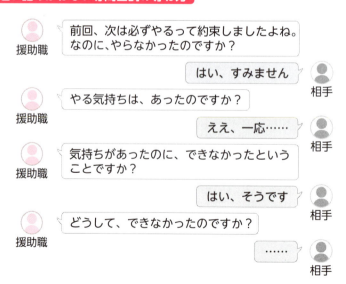

第4章

こんなときは この質問！

第4章では、さまざまな質問の種類を学びます。
そのとき、その場で求められる適切な質問をするためには、さまざまな種類の質問を学び、
いつでも使えるように身につけておくことが大切です。

こんなときはこの質問

こんなとき	ページ	質問の種類
「はい」「いいえ」を特定したいとき 会話の緊張をほぐしたいとき 情報を効率よく収集したいとき 回答する負担を軽減させたいとき	➡ p.72	クローズド・クエスチョン
思いや考えを引き出したいとき 会話を広げたいとき・深めたいとき より多くの情報を引き出したいとき 気づきを促したいとき	➡ p.78	オープン・クエスチョン
程度を把握したいとき	➡ p.86	スケーリング・クエスチョン
ポジティブに考えることを促したいとき	➡ p.90	肯定質問
未来志向で考えることを促したいとき	➡ p.94	未来質問
解決のヒントを見つけたいとき	➡ p.98	例外探しの質問
努力を承認したいとき	➡ p.100	コーピング・クエスチョン
見方を変えるとき	➡ p.102	リフレーミング

🔑 **キーワード　クローズド・クエスチョン（閉ざされた質問）／反応バイアス**

「利用されるのは初めてですか？」
「はい」「いいえ」を特定したいとき

すぐに回答が返ってくる質問

　対人援助の現場では、「お名前は？」「生年月日は？」などと尋ねる機会が多くあります。通常、このような質問をすると、すぐに相手から「○○です」「○年×月△日生まれです」と答えが返っています。それは、何を答えたらいいのか、回答するべきことが決まっているからです。また、「利用されるのは初めてですか？」などの質問には、通常「はい」あるいは「いいえ」で回答が返ってくるでしょう。利用するのが2回目であっても、10回目であっても、初めてでなければ「いいえ」と答えることになるのです。

　このように回答することが決まっていたり、回答する範囲が限定されていて、「はい」「いいえ」で答えたりする質問を、**クローズド・クエスチョン（閉ざされた質問）**といいます。私たちは、日常会話のなかで、多くのクローズド・クエスチョンを使っています。p.76のワークシート「クローズド・クエスチョン」で確認してみましょう。

有効な場面1　**会話の緊張をほぐしたいとき**

　会話を始める瞬間は、自分も相手も緊張して互いに防衛的になりがちです。挨拶を交わしたあとは、まずクローズド・クエスチョンを使って質問してみましょう。「場所はすぐにわかりましたか？」「昼食はもう召し上がりましたか？」などと、深く考えなくても答えられる質問で緊張をほぐすとよいでしょう。

ここに注意！　答えやすい質問で会話の流れがよくなってきたら、オープン・クエスチョン（p.78）を使って会話を広げていきます。クローズド・クエスチョンばかりを使い続けると、相手は聞き取り調査をされているような窮屈さを感じてしまうので注意しましょう。

有効な場面2　情報を効率よく収集したいとき

　クローズド・クエスチョンは、情報を効率よく収集するときも有効です。例えば、「ご家族とは同居されていますか？」と尋ねれば、「はい」あるいは「いいえ」の回答がすぐに得られます。家族と同居しているのか、あるいは、別居しているのかを知るためには、この質問で十分でしょう。

ここに注意！　ただし、クローズド・クエスチョンを使って尋ねた場合、得られる情報は断片的なものになりがちです。「いいえ」と答えたあと、「同居はしていませんが、家族は隣の家に住んでいるので、一緒に暮らしているようなものです」などと、自分から言葉を足してくれる人もいるかもしれません。その一方で、補足したいことがあっても、「はい、いいえで返事を求めているなら、余計なことは言わないほうがいいのかな」と遠慮してしまい、ただ「いいえ」とだけ答える人もいるのです。

　p.75のワーク「言葉当てゲーム」にチャレンジしてみましょう。クローズド・クエスチョンのみを使って尋ねる側、あるいは尋ねられる側を体験することができます。

有効な場面3　回答する負担を軽減させたいとき

　理解力が十分でない人やコミュニケーション障害のある人、自己表現が上手くできず会話が苦手な人に質問するときは、クローズド・クエスチョンを使って、回答することが負担にならないように配慮しましょう。

ここに注意！　クローズド・クエスチョンでは準備した選択肢のなかから回答してもらうため、最小限の答えしか得られません。そのうえ、反応バイアスが生じてしまうこともあります。**反応バイアス**とは、例えば、「はい」「いいえ」で答える質問に対してはすべて「はい」と答える、「Aか、Bか」を尋ねる質問では最初の選択肢を必ず選ぶなど、内容にかかわらず、一方の選択肢のみを選んでしまう傾向性のことです。何を尋ねても「はい」あるいは「いいえ」ですべて回答している場合は、反応バイアスが生じているのかもしれません。可能性がある場合には、選択肢の順序を入れ替えて提示するなどの工夫が必要です。

クローズド・クエスチョンの会話例

 援助職:「夕べはよく眠れましたか？」

「はい」 相手

 援助職:「朝食は残さず食べましたか？」

「はい」 相手

 援助職:「腰はまだ痛みますか？」

「いいえ」 相手

援助職が知りたい情報を効率よく収集することができます。

クローズド・クエスチョン（閉ざされた質問）の特徴

質問の特徴	・答え方が決まっている ・深く考えなくても返事ができる ・すぐに答えを出してもらえる
有効な場面	・会話での緊張をほぐしたいとき ・情報を効率よく収集したいとき ・回答する負担を軽減させたいとき ・相手の決断や決意を高めるとき ・特定の事柄を明確にしたいとき
留意点	・多用すると、相手は聞き取り調査をされているような窮屈さを感じてしまう ・相手から得られる情報が断片的なものになりやすい ・状況、理由、根拠を語ってもらうことはできない

Work 言葉当てゲーム

クローズド・クエスチョンの特徴を理解するためのペアワークです。

1. 2人一組のペアを作り、AさんとBさんを決めてください。

2. Aさんは、単語を1つ頭のなかで選んでください。
   好きな食べ物、好きな動物、集めているもの、欲しいもの、などがよいでしょう。

3. Bさんはクローズド・クエスチョンのみを使って、Aさんが選んだ単語を当ててください。
   Aさんは「はい」あるいは「いいえ」のみで答えます。

   > 例 「それは、食べられますか？」 「いいえ」
   > 「それは、普段使っているものですか」 「はい」

4. 正解できるまで質問を重ねます。
   Bさんは単語がわかったら「選んだ単語は○○ですか？」とAさんに確認します。
   正解できたら終了です。正解できなくても、2分経過したら中断します。

5. 役割を交代して、2～4を行います。

6. このワークを行った感想や気づきを話し合ってみましょう

Workを振り返って

質問する側からは、以下のような感想がありました。
「思っていたより、相手の頭のなかにある言葉を言い当てるのは難しかった」
「クローズド・クエスチョンは効率的な訊き方だと思っていたけど、この質問のみで単語を当てようとすると時間がかかった」
など

回答する側からは、以下のような感想がありました。
「いくつものクローズド・クエスチョンに答えるのは面倒だった」
「『はい』『いいえ』のみで答える状態が続くと、ちょっとイライラした」
など

Worksheet クローズド・クエスチョン　ダウンロード対応

以下の会話のなかで、援助職がCさんにさまざまな質問をしています。援助職が使っている質問のなかで、クローズド・クエスチョンはどれでしょうか。アンダーラインを引いてみましょう。

援助職：「Cさん、おはようございます。今日は風が冷たいですね。
　　　　部屋の窓を閉めますか？」
Cさん：「いいえ、大丈夫です」
援助職：「今日の具合はいかがですか？」
Cさん：「昨日より、楽になりました」
援助職：「それはよかったです」
　　　　「昨日お話ししていたことを、ご家族にも相談してみましたか？」
Cさん：「はい」
援助職：「ご家族は賛成してくれましたか？」
Cさん：「ええ、まあ。う～ん、どうかな……」
援助職：「Cさんは、どう思いますか？」
Cさん：「たぶん、家族は賛成してくれていると思います。ただ、もう少し時間をかけて、ちゃんと家族一人ひとりの気持ちを確認したいと考えています」

解答

いかがでしたか。
クローズド・クエスチョンは、「はい」あるいは「いいえ」で答えることのできる質問です。

> **援助職**：「Cさん、おはようございます。今日は風が冷たいですね。部屋の窓を閉めますか？」
> **Cさん**：「いいえ、大丈夫です」
> **援助職**：「今日の具合はいかがですか？」
> **Cさん**：「昨日より、楽になりました」
> **援助職**：「それはよかったです」
> 　　　　　「昨日お話ししていたことを、ご家族にも相談してみましたか？」
> **Cさん**：「はい」
> **援助職**：「ご家族は賛成してくれましたか？」
> **Cさん**：「ええ、まあ。う〜ん、どうかな……」
> **援助職**：「Cさんは、どう思いますか？」
> **Cさん**：「たぶん、家族は賛成してくれていると思います。ただ、もう少し時間をかけて、ちゃんと家族一人ひとりの気持ちを確認したいと考えています」

> クローズド・クエスチョンは、会話の導入や、「はい」か「いいえ」を特定したいときに活用すると効果的です。ただし、「はい」でも、「いいえ」でもないときには、上手く回答することができず、返事が「ええ、まあ」などと曖昧になることもあります。

🔑 **キーワード　オープン・クエスチョン（開かれた質問）／内省**

「どう思いますか？」「どのようにお考えですか？」
思いや考えを引き出したいとき

考えるきっかけとなる質問

　p.76のワークシート「クローズド・クエスチョン」の会話例のなかに、「はい」や「いいえ」では答えることのできない質問がありました。それは、「今日の具合はいかがですか？」と「Cさんは、どう思いますか？」です。この2つの質問は、オープン・クエスチョンに分類されます。**オープン・クエスチョン（開かれた質問）** は、回答の範囲を限定せずに、相手に自由に答えてもらう質問です。

　クローズド・クエスチョンを使って「具合はよいですか？」と尋ねれば、相手は「はい」あるいは「いいえ」と回答することになりますが、「具合はいかがですか？」と尋ねると、相手に、自分自身の言葉で表現してもらう機会になります。相手の思いや考え、意見などを求めるときには、「どう思いますか？」「どのようにお考えですか？」などと、オープン・クエスチョンで尋ねるとよいでしょう。

　「それは、いつ頃のお話ですか？」「どのように過ごしたいですか？」のように、「いつ」「どこで」「誰が」「何を」「どうして」「どのように」を尋ねる質問もオープン・クエスチョンです。具体的に振り返ってもらったり、考えを深めてもらったりするときには、5W1Hを使って質問するとよいでしょう。

> **有効な場面1　会話を広げたいとき・深めたいとき**
>
> 　会話の始まりにクローズド・クエスチョンを使って緊張をほぐしたら、本題に入るときにはオープン・クエスチョンを使ってみましょう。「今日は、どうしましたか？」「その後、どうされていましたか？」などと、オープン・クエスチョンで尋ねて、相手が話したいと思っていることを自由に答えてもらうとよいでしょう。

ここに注意！ 自己表現が苦手な人に「その後、いかがですか？」などと尋ねると、すぐに答えることができず、戸惑わせてしまうこともあります。まず、「その後、困っていることはありますか？」のようにクローズド・クエスチョンで「はい」「いいえ」を特定し、「どのようなときに、そうなるのですか？」「そのときの状況をもう少し詳しくお話ししていただけますか？」などと、オープン・クエスチョンで徐々に会話を広げたり、深めたりするとよいでしょう。

有効な場面2　より多くの情報を引き出したいとき

　オープン・クエスチョンを上手に使うと、より多くの情報を得ることができます。
　例えば、「○○は上手くできましたか？」とクローズド・クエスチョンで尋ねると、「はい」や「いいえ」、あるいは「ええ、まあ」で答えが終わってしまうことがあります。このような場面では、オープン・クエスチョンを使って「○○はどうでしたか？」と質問してみるとよいでしょう。
　相手は、自分が話したいと思っていることを自由に答えることができるため、「上手くできて嬉しかった」「頑張ったので疲れた」などの感想だけでなく、心配なことや、気になっていることなどを話すこともできます。上手くできたのか否かに限定せず、「どうでしたか？」と尋ねることで、あなたが予想していなかった情報が得られるかもしれません。

有効な場面3　気づきを促したいとき

　オープン・クエスチョンは、相手に気づきを促したいときにも効果があります。「どう思いますか？」「どのような気持ちになりますか？」などの質問は、相手の心のなかにある思いを整理して、言語化する機会を提供します。尋ねられたことを考えたり、それを自分の言葉で表現したりすることは、自分自身のことや、抱えている問題などについて、新たな気づきを得る大切なプロセスになるでしょう。
　気づきを促すオープン・クエスチョンは、その質問自体も印象に残ることが多く、質問に答えたあとも相手の内省を促すことがあります。**内省**とは、文字通り、自分の内面（心の状態や動き）を省みることです。少し時間が経ってから、「あのとき、どうして、私はあんなことを話したのだろう」などと質問されたときの自分を振り返ったり、「あのときは『頑張っているのは私だけです』って答えたけれど、よく考えてみたら、家族みんなもそれぞれ頑張っていたのかも……」などとその質問の答え

をまた探したりすることがあります。それは、その質問によって内省が促されたからです。自分の内面と向き合うことで、新たな気づきが得られれば、自己成長や問題への自己解決につながるでしょう。

オープン・クエスチョンの質問例

- **相手にまつわる事実を尋ねる質問**

  「何があったのですか？」
  「それは、いつから始まったのですか？」

- **相手の状態を尋ねる質問**

  「近頃は、どうですか？」
  「その後、どうなったのですか？」

- **相手の感情表出を促す質問**

  「そのとき、どのような気持ちになりましたか？」
  「今、どう感じていますか？」

- **相手の主観的考えを尋ねる質問**

  「それについて、あなたはどう考えますか？」
  「その言葉には、どのような思いが込められていたと思いますか？」

> オープン・クエスチョンを使って問いかけると、相手の考えや意見を求める機会を増やすことができます。

オープン・クエスチョンの会話例

援助職:「夕べの睡眠の状態はいかがでしたか？」

相手:「そうですね……。夕べはちょっと肌寒くて、しばらく寝つけませんでした」

自由に答えることができるため、予想していなかった情報を相手から引き出して、会話を広げる効果があります。

援助職:「今朝、食欲の具合はいかがでしたか？」

相手:「朝食は、全部美味しくいただきましたよ」

援助職:「腰の痛みは、どのような感じですか？」

相手:「痛みはないけど……。まだ少し張っているような気がします」

オープン・クエスチョン（開かれた質問）の特徴

質問の特徴	・5W1Hの形をとる ・回答の範囲を限定せずに、回答者が自由に答えられる ・気持ちや考えなどが自由に表現されやすくなる
有効な場面	・会話を広げたいとき・深めたいとき ・より多くの情報を引き出したいとき ・気づきや内省を促したいとき ・自己表現を促したいとき ・思考を深めることを促したいとき
留意点	・自己表現が苦手な人は答えにくい ・理解力や表現力が十分でない人には負担になりやすい

Worksheet オープン・クエスチョン

【ダウンロード対応】

　以下の質問は、「はい」あるいは「いいえ」で答えるクローズド・クエスチョンです。オープン・クエスチョンを使うとしたら、どのように質問したらよいでしょうか。言い換えてみましょう。

1.「その後、お変わりありませんか？」　➡　**言い換え** [　　　　　　　　　　　　　　　　　　　]

予想される返答　「ええ」「はい、おかげさまで」　　この質問は社交辞令として使われることが多いため、相手からの返答も、単なる挨拶になりがちです。

2.「○○は、順調ですか？」　➡　**言い換え** [　　　　　　　　　　　　　　　　　　　]

予想される返答　「はい」「ええ、まあ」　　順調か、あるいは順調ではないのか、を知ることはできますが、それ以上の情報は得られません。

3.「『はい』ですか、『いいえ』ですか？」　➡　**言い換え** [　　　　　　　　　　　　　　　　　　　]

予想される返答　「じゃあ、『はい』ということで」「『はい』でいいです」　　二者択一で返答を求めると、相手は、どちらかを必ず選択しなくてはいけないと思いがちです。

4 こんなときはこの質問！

4.「今朝は水分を摂りましたか？」　➡　**言い換え** [　　　　　　　　　　　　　]

予想される返答　「はい」「ええ」

一口だけ水分を摂っても、コップ一杯の水を飲んでも、回答は「はい」になります。

5.「上手くできましたか？」　➡　**言い換え** [　　　　　　　　　　　　　]

予想される返答　「はい」「まあ、そこそこですかね」

実際には上手くできていたとしても、自信のない人や謙虚な人は、「そこそこ」「まあまあ」などと控え目に回答してしまうかもしれません。

6.「理解できましたか？」　➡　**言い換え** [　　　　　　　　　　　　　]

予想される返答　「はい」「ええ、一応」

理解できなかった部分がある場合、「ええ、一応」などと歯切れの悪い回答になりがちです。

7.「頑張っていますか？」　➡　**言い換え** [　　　　　　　　　　　　　]

予想される返答　「はい」

「頑張っていますか？」は、頑張っていることを前提とした問いかけです。このような質問に対しては、「はい」と答えるしかないのです。

083

解答例

いかがでしたか？ 普段クローズド・クエスチョンばかり使っていると、オープン・クエスチョンに言い換えるのが難しく感じられたかもしれません。場面や相手に応じて質問を上手に使い分けるためには、質問のレパートリーを増やすとよいでしょう。

1.「その後の状態は、いかがですか？」「その後、どのようにされていましたか？」

予想される返答　「状態は相変わらずですが、最近はよく散歩に行くようになりました」

ちょっとした変化についても、話してもらうことができます。

2.「○○の進み具合はいかがですか？」「○○の経過を教えていただけますか？」

予想される返答　「家族がサポートしてくれるので、毎日、計画した通りに○○しています」

順調か否かを答えてもらうよりも、具体的な情報を得ることができます。

3.「どのようにしたいとお考えですか？」「お気持ちを聴かせていただけますか？」

予想される返答　「私の答えは『はい』なんですけど、お返事するまえに、家族にも確認したいと思って……」

相手の考えや気持ちを引き出すことで、その人に合わせた対応が可能になります。

4.「今朝はどのぐらい水分を摂りましたか？」「今朝はどのように水分を摂りましたか？」

予想される返答　「私のコップに入れてもらったお茶を全部飲みました」

水分を摂ったか否かだけでなく、必要な量の水分を摂取できているかどうかも確認することができます。

5.「結果はいかがでしたか？」
　「ご自分でやってみて、どうでしたか？」

予想される返答　「思っていたより時間がかかったけど、自分としては満足できる結果かな」

上手くできたかどうかを判断してもらうより、その人の感想を自由な表現で語ってもらうとよいでしょう。

6.「どこまで理解できましたか？」
　「どの程度、理解しましたか？」

予想される返答　「入所するための手続きについては理解できました。手続きしたあと、誰が何をするのかをもう一度説明してほしいのですが……」

相手の理解度を、より具体的に確認することができます。

7.「その後、どのように取り組まれていますか？」
　「取り組んでいるとき、どのような感じですか？」

予想される返答　「最初は本当に大変だったけど、今は、楽しみながらやれるようになりました」

オープン・クエスチョンで尋ねると、こちらが予想していなかった回答が、相手から返ってくることもあります。

クローズド・クエスチョンが続くと、断片的な情報しか得られず、会話が広がりません。相手は「情報を得ることしか興味がないのかな」と感じてしまい、素っ気ない会話になりがちです。相手の話したいことを自由に回答してもらうオープン・クエスチョンを使うと、より充実した会話になるでしょう。

🔑 キーワード　スケーリング・クエスチョン（尺度化の質問）

「ベストな状態が10なら、今はいくつですか？」
程度を把握したいとき

「まあまあ」「そこそこ」では把握できない

　オープン・クエスチョンで「どのくらい、できましたか？」と相手に尋ねると、「そうですね、半分はできていると思うのですが……」などと自由に答えてもらうことができます。ところが、自由に回答できる質問だからこそ、「どのぐらいって……、どう表現したらいいのかな」などと、上手く答えることができず、戸惑ってしまう人がいます。適切に表現する方法がわからないと、つい「まあまあです」「そこそこできている感じかな」などと、曖昧に回答してしまいがちです。「まあまあ」「そこそこ」という回答からは、どのぐらいできたのかを具体的に把握することはできません。

　このように程度を把握したいときには、スケーリング・クエスチョンを活用するとよいでしょう。

数値化は正確に共有する手段

　スケーリング・クエスチョンとは、さまざまな状態を、数値で表現してもらう質問のことです。「まったくできなかった状態を0、よくできた状態を10としたら、今はいくつですか？」などと、数字に置き換えることで、具体的に答えてもらうことができます。

　スケーリング・クエスチョンを使って質問すると、相手は頭のなかでスケールをイメージして、そのスケールのどの辺りに自分がいるのかを考えることになります。「そうですね、8ぐらいかな」などと回答された数値は、あくまでもその人自身のイメージです。主観的な情報ですが、数値化してみることで、お互いにそのイメージを共有することができます。「まあまあ、できている」などの曖昧な表現では、「まあ、まあ」とはどの程度を意味しているのか、共有したくても共有のしようがありません。

　p.88のワークシート「スケーリング・クエスチョン」にチャレンジしてみましょう。

回答が曖昧になるオープン・クエスチョンの会話例と対策

援助職:「調子はいかがですか？」

相手:「そうですね……。まあまあです」

援助職:「まあまあとは、どんな感じなのですか？」

○こうすれば良くなる

スケーリング・クエスチョンを使ってみましょう

援助職:「ベストの状態を10点としたら、今は何点ですか？」

相手:「そうですね……、7点ぐらいです」

援助職:「10点満点まで、3点足りないのですね。満点にならない理由を教えていただけますか？」

スケーリング・クエスチョンでは、相手が答えた数字の大きさより、その差や変化に注目します。「3点足りないのですね」と満点との差を把握して、理由を共有するとよいでしょう。

「前回は6点と答えてましたね」などと、同じ質問をしたときの回答と比較することで、状態の変化を知ることもできます。

スケーリング・クエスチョンの質問例

- 「あなたが今、どのぐらい落ち込んでいるのかを点数で教えていただけますか？今までに感じた最悪の状態を0点、一番いい状態を100点として考えてください」

- 「こうあってほしい状態を10、最悪な状態を0とします。今は、いくつですか？」

- 「0がまったく自信がない、10がすべてにおいて自信がある、という状態において、あなたの自信はいくつですか？」

Worksheet スケーリング・クエスチョン ダウンロード対応

以下の質問は、理解の程度や出来具合を尋ねる質問です。スケーリング・クエスチョンを使うとしたら、どのように質問したらよいでしょうか。言い換えてみましょう。

1. 「どの程度、理解できましたか？」　➡　言い換え [　　　　　　　　　　　　　　　]

2. 「どの程度、できていると思いますか？」　➡　言い換え [　　　　　　　　　　　　　　　]

3. 「上手くできそうですか？」　➡　言い換え [　　　　　　　　　　　　　　　]

4. 「調子はいかがですか？」　➡　言い換え [　　　　　　　　　　　　　　　]

5. 「どのぐらい解決できましたか？」　➡　言い換え [　　　　　　　　　　　　　　　]

✒ 解答例

　いかがでしたか？　数値化するスケーリング・クエスチョンを使うと、回答する側も答えやすくなります。相手がイメージしやすいスケールを工夫して、オリジナリティのあるスケーリング・クエスチョンを活用するとよいでしょう。コミュニケーションそのものが楽しいものになります。

1. 「完璧に理解できた状態が10なら、今はいくつですか？」
   「100％に対して、今の理解度は何％ですか？」

2. 「今の状態を点数にすると、100点満点中のいくつですか？」
   「達成できた状態を山の頂上とした場合、今は何合目あたりですか？」
   「よくできている状態を100点とした場合、今は何点をつけますか？」

3. 「上手くいく可能性は、何パーセントぐらいだと思いますか？」
   「まったく自信がない状態が0、絶対にできるという自信がある状態を10で表現すると、今はいくつですか？」

4. 「理想が10だとしたら、今日の調子はいくつですか？」
   「ベストの状態が100点だとすると、今日の調子は何点ですか？」

5. 「まったく解決できていない状態が0、完全に解決できた状態が10なら、今はいくつですか？」
   「マラソンに例えるなら、今はどの地点ですか？」

🔑 キーワード　肯定質問／否定質問／ポジティブ心理学

「どうしたら、できるようになると思いますか？」
ポジティブに考えることを促したいとき

考え方をネガティブにする「どうして」

「何がわからないのですか？」「どうして、上手くいかないのですか？」のような質問をすると、相手からの答えが否定的な方向に向かってしまうことがあります。その理由は、これらの質問が「わからない」「できない」という否定的な側面に意識を向ける否定質問だからです。**否定質問**とは、「ない」「しない」などの否定形の言葉が含まれている質問のことをいいます。

「何がわからないのですか？」と尋ねると、相手は、援助職から追及されているような気持ちになるでしょう。「どうして、上手くいかないのですか？」などと相手の行為に対して「どうして？」と尋ねる質問は、相手を防衛的にしてしまうかもしれません（p.54）。気持ちがネガティブになると、考え方もおのずとネガティブになり、会話自体も否定的な方向に向かってしまうのです。

考え方をポジティブにする一言「どうしたら」

ポジティブに考えることを促したいときは、肯定質問を使ってみましょう。**肯定質問**とは、肯定的な側面に意識を向けるための質問のことです。

私たちの思考は、ネガティブな状態にあるときは狭くなり、ポジティブな状態にあるときはより広がる傾向があります。「何がわからないのですか？」と問うより、「わかっていることは何ですか？」と質問するほうが、相手に、ポジティブに考えてもらうことができます。「どうして上手くいかないのですか？」と問えば、相手の意識は上手くいかないことに向いてしまうでしょう。「どうしたら上手くいくと思いますか？」と、肯定質問でポジティブに考えることを促すほうが、さまざまな可能性に気づいてもらうことができるのです。

否定質問の会話例と対策

援助職:何がわからないのですか？

相手:すみません、自分でもよくわかりません

援助職:……。(困ったな、どうしよう)

否定質問では、相手から答えを上手く引き出せないことがあります。

○こうすれば良くなる

肯定質問を使ってみましょう

援助職:わかっていることは何ですか？

相手:○○については、ずっとやってきたことなので、よくわかっています

援助職:○○はわかっているのですね。では、△△についてはいかがですか？

p.92のワークシート「肯定質問」にチャレンジして、否定質問を使った問いかけを、肯定質問に言い換えてみましょう。

COLUMN ポジティブ心理学

　ポジティブ心理学（positive psychology）とは、1998年にアメリカ心理学会の当時の会長であったマーティン・セリグマンが提唱した新しい学問です。それまでの心理学が、不安などのネガティブな感情と、その感情が引き起こす心の病に対処しようとするものだったのに対して、**ポジティブ心理学**は、喜びなどのポジティブな感情に関する研究を行います。

　対人援助の現場で注目されているマインドフルネスやレジリエンス、ストレングスなどの概念も、ポジティブ心理学の研究テーマです。ポジティブ心理学は、人間の"強さ"を大切にする心理学といえるでしょう。

Worksheet 肯定質問

ダウンロード対応

以下の質問は、「ない」という否定形の言葉が含まれている質問です。肯定質問を使うとしたら、どのように質問したらよいでしょうか。言い換えてみましょう。

1.「どうして、できないのですか？」 　➡　言い換え　[　　　　　　　　　　　　]

2.「なぜ間に合わないのですか？」 　➡　言い換え　[　　　　　　　　　　　　]

3.「失敗しないためには、どうしたらいいと思いますか？」 　➡　言い換え　[　　　　　　　　　　　　]

4.「どうしてやらないのですか？」 　➡　言い換え　[　　　　　　　　　　　　]

5.「約束を忘れないようにするには、どうしたらよいでしょうか？」 　➡　言い換え　[　　　　　　　　　　　　]

6.「なぜ続けられないのですか？」 　➡　言い換え　[　　　　　　　　　　　　]

解答例

いかがでしたか？「どうして」「なぜ」と原因を探しても、簡単に見つけられないこともあります。そのようなときは、直面している問題に視点を移して「どうしたら」「どのようにすれば」などの肯定質問で解決策を探すとよいでしょう。

1. 「どうしたら、できるようになると思いますか？」
   「できるようになるためには、何が必要ですか？」

2. 「間に合わせるには、どうしたらよいと思いますか？」
   「何をしたら、間に合わせることができますか？」

3. 「成功させるためには、どうしたらいいと思いますか？」
   「どうすれば、成功できると思いますか？」

4. 「すぐにできそうなことは何ですか？」
   「どうしたら、やることができると思いますか？」

5. 「約束を覚えているためには、どうしたらよいと思いますか？」
   「何をしたら、約束したことを思い出せますか？」

6. 「どのようにすれば、続けられそうですか？」
   「続けるために、できることは何ですか？」

> 🔑 キーワード　未来質問／過去質問／詰問・尋問

「これから、どのようにしたいですか？」
未来志向で考えることを促したいとき

意識をこれまでに向ける過去質問

「子どもの頃はどうでしたか？」「これまでに一番嬉しかったことは？」などと、過去に起こったことについて尋ねる質問を過去質問といいます。**過去質問**は、過去の出来事に焦点を当てて、相手の意識を「これまで」に向けさせる質問です。

「今までで、自分が頑張ってきたと思うことは何ですか？」「これまでで、大変だったけど乗り越えることができた経験をお話いただけますか？」などの質問は、相手の自己効力感を高め、前向きな姿勢を引き出すことに役立ちます。

その一方で、過去の出来事の原因を究明しようとする質問は、相手の意識を、過去の失敗やできなかったことに向けてしまいます。「どうして、もっと早く連絡しなかったのですか？」「なぜ、そうしておかなかったのですか？」などと問いかけると、「やらなかった」ことや「しなかった」ことを責める詰問口調になりがちです。質問が詰問にならないように、原因を究明する過去質問は必要最小限にとどめたほうがよいでしょう。

意識をこれからに向ける未来質問

援助の現場では、相手の意識を「これから」に向ける未来質問もしてみましょう。**未来質問**とは、「これから、どのようにしたいですか？」などと、将来のことをイメージさせる質問です。焦点を「これから」に当てることにより、前に進んでいこう、何かに取り組んでいこうとする相手のやる気を引き出すことができます。

その一方で、意識を「これから」に向けた際に、相手から将来への不安や気がかりが出てくる場合もあります。そのようなときは、具体的な解決につなげられるように、そう思う根拠も尋ねておきましょう。そのように思わせている背景や原因が明らかになると対応を考えるうえで役立ちます。

過去質問の会話例

援助職：なぜ、そうしておかなかったのですか？

相手：なぜって、いろいろあって……。そもそも、それって、私がやらなくてはいけないことだったのですか？

援助職：……。（話が堂々巡りになりそう、どうしよう）

過去質問を使うと会話が後ろ向きになってしまい、堂々巡りになりがちです。

こうすれば良くなる

未来質問を使ってみましょう

援助職：今までは、そうしなかったのですね。では、今後は、どのようにしたいですか？

相手：私ひとりでは、やりきれないと思うので、誰かと分担したら……できるかも

援助職：誰かと分担したら、できそうなのですね。どなたか、お手伝いしてくれる人は、思い浮かびますか？

p.96のワークシート「未来質問」にチャレンジして、過去質問を使った問いかけを、未来質問に言い換えてみましょう。

スキルアップ

詰問・尋問と質問の違い

質問と似た言葉に、詰問と尋問があります。
詰問は厳しく責めて問い詰める行為を指し、**尋問**あるいは訊問は、取り調べの場面で問いただすことをいいます。質問と比べると、詰問や尋問には"威圧的"に答えを迫るニュアンスが含まれており、日常会話ではネガティブな意味で使われることが多いでしょう。
対人援助の現場で求められるのは、質問する力です。質問が、詰問や尋問にならないようにしましょう。

Worksheet 未来質問

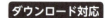

以下の質問は、過去に起こったことを尋ねる質問です。未来質問を使うとしたら、どのように質問したらよいでしょうか。言い換えてみましょう。

1.「今まで何をしていたのですか？」 ➡ 言い換え [　　　　　　　　　　　　　　　]

2.「どうして、これまで何もしなかったのですか？」 ➡ 言い換え [　　　　　　　　　　　　　　　]

3.「どうして、こうなったのですか？」 ➡ 言い換え [　　　　　　　　　　　　　　　]

4.「失敗した原因はどこにあったのですか？」 ➡ 言い換え [　　　　　　　　　　　　　　　]

5.「なぜ、先週は休んでしまったのですか？」 ➡ 言い換え [　　　　　　　　　　　　　　　]

解答例

いかがでしたか？ 援助の現場では、原因を究明する過去質問は必要最小限にとどめて、相手の意識を「これから」に向ける未来質問をしてみましょう。

1. 「これから何をすればよいと思いますか?」
   「これからは、どのようにしていこうと思いますか?」

2. 「何から始めたらよいでしょうか?」
   「やってみようと思うことは何ですか?」
   「何があったら、やれそうですか?」

3. 「どうすれば、これからはできるようになると思いますか?」
   「今後は、どうしていきたいですか?」

4. 「上手くいくように、次はどうしたらよいと思いますか?」
   「何をしたら、上手くいくと思いますか?」

5. 「休まずに続けるためには、どのような工夫が必要でしょうか?」
   「どうしたら、今週は休まずに行けると思いますか?」

> 過去の失敗や上手くいかなかったことを振り返ることも大切ですが、できなかったことにばかり意識を向けてしまうと、相手は防衛的になって、身構えてしまいます。過去の出来事について質問するときには、肯定質問（p.90）を心がけましょう。

🗝 キーワード　過剰な一般化／例外探しの質問／学習性無力状態

「これまでに、そうならなかった例はありますか？」
解決のヒントを見つけたいとき

例外は必ずある

　私たちは、同じような出来事が続けて起きると、つい「いつも、そう」「必ず、そうなる」などと、過剰な一般化をしてしまいがちです。**過剰な一般化**とは、少ない事象や偏った事象から、それが多くの場合に成り立つかのように主張してしまうことをいいます。

　上手くいかない経験が重なってしまうと、「あれも失敗」「これもダメ」と、上手くいかないことばかりにその人の意識が向いてしまうことがあります。このようなときは、相手の思考がネガティブな方向に進みがちです。「私は何をやってもダメなんだ」などと過剰な一般化をしてしまい、さらに「だから、次もどうせ上手くいかない」などと思い込んでしまいます。これでは、思考が行き詰まってしまい、会話を発展させることができません。「いつもそう」「必ずそうなる」と思っていることにも、「そうではないとき」「そうならないとき」、つまり例外が必ずあるはずです。

例外にはヒントが隠れている

　例外探しとは、いつも起こっている問題が起きていない状況や、問題が起きても比較的よい状態だったときについて尋ねる質問です。「これまでに、そうでなかった例はありますか？」「比較的よかったときは、どのようなときですか？」などと問いかけて、例外を発見するのです。

　例外的に「そうではないとき」「そうならなかったとき」には、何かしらのヒントが隠されています。例外的な状況を具体的にして、いつもとどこが、どのように違っていたのかに焦点を当てていきます。「ほかにも、そうならなかったときを覚えていますか？」などと例外を広げていくとよいでしょう。

解決のヒントを見つける質問例

<会話例1>

 相手：人とコミュニケーションをとるときは、いつも緊張してしまって……

 援助職：緊張しなかった経験を思い出すことはできますか？　それは、どのような場面でしたか？

<会話例2>

 相手：毎日イライラしてばかりなんです

援助職：比較的、気持ちが落ち着くのは、どのようなときですか？

<会話例3>

 相手：約束しても、いつも守ってくれなくて。昔からずっと、そうなんです

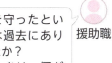 援助職：約束を守ったという例は過去にありましたか？　そのときは、何がいつもと違っていたのでしょうか？

「いつも」「必ず」「〜してばかり」「昔からずっと、そう」などは、過剰な一般化をしているときに使われやすい表現です。

COLUMN　学習性無力状態

　「失敗は成功のもと」といわれるように、私たちは失敗から学ぶことができます。失敗しても、その経験を糧にして、次は上手くいくように改善しながら生活をしています。
　ところが、失敗を繰り返すと、その経験から無力感を学んでしまうことがあります。「何回やってもダメなら、どうせ次も……」などと思い込んでしまうと、「やるだけムダ」「自分には無理」などと、努力する前にあきらめてしまいがちです。このように、失敗経験を重ねることによって学習される「自分が何をしても状況は変わらない」という行動様式を**学習性無力状態**（あるいは**学習性無気力**）といいます。

🔑 キーワード　コーピング・クエスチョン／コーピング／承認

「どうやって、乗り越えたきたのですか？」
努力を承認したいとき

その人の対処能力に焦点を当てる

　例外探しの質問を使って問いかけても、必ず例外が見つかるとは限りません。そのようなときは、コーピング・クエスチョンを使うとよいでしょう。

　コーピング・クエスチョンとは、困難な状況にいる人に対して、どのように対処してきたのかを尋ねる質問です。「つらい状況を、どうやって乗り越えてきたのですか？」「そんな大変な状況のなかで、どのようにして頑張ってこられたのですか？」などと、最悪の事態にならずに済んだことに焦点を当てて、どのように対処してきたのかを尋ねるのです。

　コーピングとは、対処する、切り抜けるという意味を持つcopeに由来する言葉です。ストレスマネジメントにおいて、コーピングといえばストレス対処法のことを指しますが、ストレスに限らず、困難なことに対処する、なんとか上手くやっていくことをコーピングといいます。

自己肯定感を高める2つの効果

　コーピング・クエスチョンには、相手の自己肯定感を高める効果が2つあります。

　1つは、その人のなかにある対処能力に気づいてもらう効果です。最悪の事態にならなかったのは、その人が意図的に、あるいは知らず知らずのうちに、何かしらのコーピングを行ってきたからと考えることができます。その対処能力は、その人の強みともいえるでしょう。自身の強みに気づいてもらうことで、自己肯定感を高めるのです。

　もう1つは、その人のこれまでの苦労や努力、対処するための工夫を承認する効果です。敬意を込めてコーピング・クエスチョンを使うことで、尋ねられた相手は、自分が承認されていると感じるでしょう。承認欲求が満たされると、相手は、自分に肯定感を抱くことができるのです。

コーピング・クエスチョンの質問例

- 「こんな大変な状況のなかで、どうやってそれを成し遂げることができたのですか？」
- 「どうやって、ここまで辿り着くことができたのですか？」
- 「あなたが今、こうやって頑張れているのは、何が影響しているのでしょうか？」
- 「この状態を維持していくために、どのような工夫をされているのですか？」
- 「どのようにして、そんなことができるようになったのですか？」
- 「最悪の事態にならなかったのはすごいことですね。どのような努力をされたのですか？」

スキルアップ

質問で承認する

「すごいですね」「よくできていますね」などと褒め言葉を使って、肯定的に評価することも承認の一部ですが、承認には褒めること以外にも、さまざまな方法があります（p.49）。

質問においては、「どうしたら、そんなに上手にできるのでしょうか？」「そんなふうに上手にできるようになるために、どのような努力をされたのですか？」などと尋ねてみるのも、間接的に相手を承認する方法になるのです。

「すごいですね」などの直接的な褒め言葉を素直に受け取れない人には、「どうしたら、そんなに上手にできるようになるのか教えていただけますか？」などと質問をしてみるとよいでしょう。

🔑 キーワード　**ストレングス思考／リフレーミング**

「その経験は、どのようなときに役立ちそうですか？」
見方を変えるとき

■ その人の強みを見つける、強みを活かす

　対人援助の現場では、その人の障害や困難に着目して、「これも難しい」「あれもできない」などと、できない部分に目を向けてしまいがちです。できないことや、持っていないものを求めるより、できること、その人が持っているもの、その人の強さに目を向けてみましょう。

　その人らしさを支援するためには、その人の強み（ストレングス）を活かす**ストレングス思考**が大切です。その人が持っている強さや得意なこと、潜在的な能力、これまでの人生のなかで身につけた知識やスキルに注目してみましょう。

　その人の強みは、意外なところからも見つけることができます。一見、その人の弱みと捉えがちな性格特性や行動、経験などからも、その人の強みを見出せるのです。その方法をリフレーミングといいます。

■ 見方を変えると、解釈が変わる

　リフレーミングとは、すでにその人が持っている意味づけや解釈を、異なる視点で捉え直すための技法です。事実をどのように意味づけ、解釈するかは、それを受けとめる側の思考の枠組み（フレーム）によって異なります。1つの方向からしか見ていなかった枠組みに、新しい意味を付与するときに有効なのがリフレーミングです。

　例えば、その人の特性を「頑固」と捉えるのか、それとも「強いこだわりがある」と捉えるのかによって、その人に対する見方が変わります。見方が変われば解釈が変わり、解釈が変われば、その人への援助も変わってくるでしょう。その人の持っている特性をリソース（資源）と捉えると、「頑固な人への対応」から、「その人のこだわりを大切にした援助」へと、援助職の考え方も広がっていくのです。

リフレーミングの方法

方法1	方法2	方法3
相手の思考の枠組み（フレーム）を変えるような言葉かけをする	状況をリフレーミングする質問で問いかける	内容をリフレーミングする質問で問いかける

相手：「私はすぐに物事を決めることができなくて……。『それは優柔不断だからだ』って、父が怒るんです」

援助職（方法1）：「すぐに決断できないのは、慎重に考えているからなのですね」

援助職（方法2）：「すぐに決断しないことは、どのようなときに役立ちそうですか？」

援助職（方法3）：「怒られたことは、あなたにとって、どのような意味がありましたか？」

状況のリフレーミング　質問例

- 「それはどのようなときに役立ちますか？」
- 「そのように行動してよかったと思ったのは、どのようなときですか？」
- 「その行動は、どのような場面だったら役に立ちそうですか？」

> ある状況においては、役に立つ、あるいは価値のある行動であることを見出してもらい、自分自身に対する否定的な反応を変えるリフレーミングです。

内容のリフレーミング　質問例

- 「その出来事によって、どのようなことを考えましたか？」
- 「その体験が、役に立つことはないでしょうか？」
- 「そのことが、何かを変えるきっかけになりませんか？」
- 「誰かにとってプラスに作用することはないでしょうか？」

> 出来事のなかから、何かしらの新しい意味を見出してもらうリフレーミングです。
> その人の考え方が広がり、行動や反応にも変化が見られるようになるかもしれません。

2つの質問の組み合わせ

　質問は、対象者や状況に応じて、効果的に使い分けることが大切です。そのためには、クローズド・クエスチョンも、オープン・クエスチョンも、必要に応じて使えるように身につけておきましょう。それぞれの質問の特徴を活かして、上手に組み合わせて使えば、質問する力が高まります。

● **①クローズド・クエスチョン ➡ ②オープン・クエスチョン**
「困っていることはありますか？」などとクローズド・クエスチョンを使って尋ねてから、「具体的にお話ししていただけますか？」とオープン・クエスチョンで会話を広げたり、深めたりします。

● **①オープン・クエスチョン ➡ ②クローズド・クエスチョン**
「近頃は、いかがですか？」「その後、どうですか？」などと、オープン・クエスチョンを使った質問で当たりをつけてから、クローズド・クエスチョンで話を絞り込んだり、深掘りしたりします。

● **①クローズド・クエスチョン＋オープン・クエスチョン ➡**
②クローズド・クエスチョン
面接場面では、クローズド・クエスチョンは事実確認を行うときに、オープン・クエスチョンは考えや問題を明らかにするときに用いると効果的です。そして最後に、クローズド・クエスチョンで話し合った内容を互いに確認したり、相手の意思確認を行ったりするとよいでしょう。

第5章

訊いたら、聴く

第5章では、質問の回答を上手に聴く技術を学びます。
質問によって相手から言葉を引き出したら、その言葉を上手に受けとめる、
つまり「訊いたら、聴く」ことが大切です。
聴くという行為は、質問の回答を正確に理解し、共有するために必要なだけでなく、
援助の対象者との信頼関係を形成するうえでも大きな役割を担っています。
援助職があの手この手で質問をしても、相手がその質問に答えてくれなければ
会話は成立しません。問われたことに答えよう、あるいは、答えるために考えようとする
意欲を高めるのは、熱心に耳を傾けようとする援助職の姿勢です。
あなたの聴くときの癖をチェックしてみましょう。

Worksheet
ワークシート

あなたの聴くときの癖は？

ダウンロード対応

- [ ] 1. 言いたいことや、尋ねたいことがあると、相手の話に割り込む
- [ ] 2. 「実は私も」「私なら」などと、すぐに自分の話を持ち出す
- [ ] 3. 「あっそう」「ふーん」「はい、はい」などのあいづちが口癖になっている
- [ ] 4. 作業をしながらの"ながら聞き"をすることが多い
- [ ] 5. 「でも」「だけど」をよく使う
- [ ] 6. 同意できないときは、自分の感情が表情にあらわれやすい
- [ ] 7. 「それで？」「だから？」「結論は？」と相手の話を急かしてしまう
- [ ] 8. 相手が黙っていると時間がもったいないので、「それは○○ですね」と先回りする
- [ ] 9. 話をしている人の気持ちより、話の内容に集中している
- [ ] 10. 共感したとき、「わかる、わかる！」とよく言っている

Worksheet 「あなたの聴くときの癖は？」解説

いかがでしたか？
聴く力を高めるためには、あなたの聴き方の癖を知っておくことが大切です。
知らず知らずのうちに身につけた癖は、自分でも気づいていないものもあるでしょう。その癖が自覚できていれば、話を聴いているときに「あっ、また自分の癖が出ている」と意識することができます。そこから、もっと上手に聴くためのヒントが見えてくるはずです。以下に示した説明を参考にして、自分の聴き方を振り返ってみましょう。

1に ☑ ➡ 話の腰を折る聴き方

質問に答えているときに、「それは、誤解だと思いますよ」などと割り込んだり、「それって、どういうことですか？」とさらに質問を重ねたりすると、相手は話の腰を折られたと感じるでしょう。

2に ☑ ➡ 相手の話をとってしまう聴き方

「実は私も同じ経験をしたことがあって」「そういうとき私だったら」などと援助職自身の話を持ち出すと、自分が話し手になってしまいます。意見したり、助言したりするときは、相手の話を一通り聴いて、その必要性を判断してからでも遅くないでしょう。
p.122のワークシート「共感の技法」の事例解説に詳しい説明があります。

3に ☑ ➡ 不安にさせてしまう聴き方

「あっ、そう」「ふーん」などの素っ気ないあいづちは、うわの空で話を聞いているように受け取られてしまうので注意しましょう。「はい、はい」などの多すぎるあいづちは、かえって熱意が感じられなくなり逆効果です。
p.110「反応を示しながら聴こう」に詳しい説明があります。

4に☑ ➡ 話す意欲を低下させてしまう聴き方

何か作業をしながら、同時に話を聴こうとすると、うなずきやあいづちなどの反応が止まりがちです。聴き手が何も反応を示さなければ、相手は話しづらさを感じて、話す意欲を低下させてしまいます。

p.110「反応を示しながら聴こう」に詳しい説明があります。

5に☑ ➡ 否定する聴き方

「でも」「だけど」は、否定の表現です。話を聴いているときに、「でも、それは」「だけど、そういうときは」などと、「でも」「だけど」を付けて相手の言葉を返してしまうと、「自分の言ったことが否定された」と相手は感じるでしょう。

p.122のワークシート「共感の技法」の事例解説に詳しい説明があります。

6に☑ ➡ 壁をつくってしまう聴き方

「目は口ほどにものを言う」などと言われるように、話を聴いているときの援助職の表情からも、さまざまなメッセージが話し手に伝わります。言葉では何も言わなくても、否定的な感情が援助職の表情に現れていると、話し手は「受け入れてもらえない」と感じとって、心を閉ざしてしまうかもしれません。

p.124「表現をサポートしよう」に非言語の説明があります。

7に☑ ➡ 援助職主導の聴き方

援助職にとって必要な情報のみを、効率よく収集しようとすると、援助職主導の聴き方になりやすいので注意しましょう。このような聴き方で言葉を促されると、相手は話すことを強制されていると感じるかもしれません。時間が限定されているときには、やむを得ず援助職主導で聴くこともあるでしょう。ただし、この聴き方が癖になってしまうと、時間に余裕があるときでも、自分の訊きたいを優先してしまいがちです。

p.126「考える時間を保証しよう」に詳しい説明があります。

8に☑ ➡ 待てない聴き方

自分のペースで聴くことが癖になってしまうと、相手のペースに合わせることが難しくなります。相手が考えたり、言葉を選んだりするための時間ももどかしくなり、相手の言葉を待つことができません。性急な態度で言葉を催促すると、相手は考えを深めることを諦めてしまうでしょう。
p.126「考える時間を保証しよう」に詳しい説明があります。

9に☑ ➡ 感情を見過ごしてしまう聴き方

話の内容とそれに伴う感情は、ともに話の重要な構成要素です。話を聴いているときに、内容（事実）ばかりが気になってしまうと、感情をあらわす言葉や非言語的な表現にまで注意が向かなくなり、見過ごしてしまいやすいのです。
p.120「感情を確認しよう」とp.124「表現をサポートしよう」に詳しい説明があります。

10に☑ ➡ 共感が伝わらない聴き方

「わかる、わかる」では、自分の気持ちや考えを伝えているだけで、相手の気持ちをどのように受けとめ、理解したのかが伝わりません。安易にわかると言われると、「本当に理解してくれたのだろうか」とかえって相手を不安な気持ちにさせてしまうかもしれません。
p.120「感情を確認しよう」に詳しい説明があります。

☑が1つもなかった人は……

かなりの"聴き上手"と言えるでしょう。第5章は、あなたの聴く力に磨きをかけるために、「スキルアップ」や「コラム」を中心に読むとよいでしょう。p.116のワークシート「繰り返しの技法・言い換えの技法」とp.122のワークシート「共感の技法」にもチャレンジしてみましょう。

聞く、聴く、訊く

　話をきくときには、3つの「きく」があります。
『広辞苑』によると、広く一般には「聞く」を使い、注意深く耳を傾ける場合に「聴く」を使うとされています。「聞く」はどちらかと言えば受け身的なきき方であり、「聴く」は積極的なきき方と言えるでしょう。知りたいことを尋ねるときは「訊く」になります。
　相手の話を聴こうとすると、意識の方向が話し手に向きます。「聴く」ことで、もっと知りたいことが出てくると、「訊く」ことも増えていくのです。相手の話を「聞く」だけでは、意識は自分の内側に向かうため、上手に「訊く」ことはできません。

聞く \<Hear\>　：音や声を耳に入れるきき方。「声が聞こえる」などと使い、単に音が耳に入ってくることを意味します。

聴く \<Listen\>　：一生懸命、耳を傾けるきき方。「傾聴」という言葉に「聴」が使われており、積極的に耳と心を傾けることを意味します。

訊く \<Inquire\>　：自分の知りたい情報を相手から引き出すきき方。「訊問」という言葉に「訊」が使われており、こちらが知りたいことを尋ねることを意味します。

🔑 **キーワード** うなずき／あいづち／ペーシング

傾聴の基本「うなずき」「あいづち」
反応を示しながら聴こう

訊いたら、聴く

「あなたはどのように考えますか？」などと質問したあと、記録やメモをとることを優先してしまう援助職がいます。問われたことに答えようとしても、援助職の聴き方が適切でないと、相手は話しづらさを感じるでしょう。援助職が記録やメモから顔を上げないままでは、「ちゃんと聴いているのかな」「本当に私の考えに関心があるのだろうか」などと、相手の意識は援助職に向いてしまいます。これでは、相手に集中して考えてもらうことはできません。

「訊いたら、聴く」ことが大切です。相手に質問をしたら、返ってくる答えを傾聴しましょう。傾聴するときは、相手の話に積極的に耳と心を傾けるだけでなく、熱心に聴こうとする援助職の気持ちを表現することも大切です。

聴こうとする熱意を伝える「うなずき」「あいづち」

聴こうとする熱意を、わかりやすく話し手に伝えるサインがうなずきとあいづちです。

うなずきは首を縦に振る非言語的な反応です。聴き手がうなずいてくれるだけで、相手は安心して話を続けることができます。**あいづち**とは「ええ」「そうですね」などの短い言語的な反応のことで、話をさらに進めるうえで、流れにリズムをつける意味を持ちます。

うなずきやあいづちを示すときは、相手のペースに合わせてみましょう。相手が嬉しそうに話しているときは、テンポよくうなずき、おおげさなぐらい明るくあいづちを打つと話が弾みます。悲しい話をしているときは、ゆっくりとうなずき、静かにあいづちを打つと、相手の気持ちを大切にした反応になります。このように、相手のペースに合わせて反応することを**ペーシング**と言います。普段、何気なく示しているうなずきやあいづちも、意識して行うことで、効果的な傾聴のスキルになるのです。

多すぎるあいづちの会話例と対応策

＜多すぎるあいづちの会話例＞

相手：あの……

援助職：はい、はい、何でしょう？

相手：最近、義母の具合が悪くて……

援助職：はい、はい、そうですか

話のリズムに合わない多すぎる「あいづち」は、かえって熱意が感じられなくなるので注意しましょう。

「最近義母の具合が悪くて……」という相手の言葉にも「はい、はい、そうですか」とあいづちを打つだけでは、事務的、あるいは流れ作業的な対応と思われてしまいます。

 ◯こうすれば良くなる

オープン・クエスチョンをプラスしてみましょう

相手：あの……

援助職：どうなさいましたか？

相手：最近、義母の具合が悪くて……

援助職：そう、それはご心配ですね。具合が悪いというのは、どのような状態なのですか？

「それはご心配ですね」などと、相手の気持ちに寄り添う言葉とともに、具体化するための質問（p.44）でより詳しい情報を引き出しましょう。

質問することによって、「あなたの話に関心があります」というメッセージが、より効果的に伝わります。

5 訊いたら、聴く

うなずき／あいづち／ペーシング

> 🔑 キーワード　繰り返し／リフレクション（反射）

メッセージを共有する「繰り返し」
受けとめて共有しよう

■ そのままの言葉で返す「繰り返し」

　うなずきとあいづちを意識的に行いながら、さらに繰り返しの技法でメッセージを共有してみましょう。

　繰り返しとは、相手が話す言葉の一部を短く、そのままの言葉で返す技法です。例えば、「誰も協力してくれないし、自分だけが頑張っていて……。なんだか空回りしている感じです」という答えが返ってきたら、そのなかで相手が強調していた言葉を繰り返します。「空回りしている感じなのですね」と短く返しましょう。話し手が使った言葉をそのまま返すことで、話し手は、言いたかったことが誤解されることなく聴き手に伝わったと実感することができます。

　このように繰り返しの技法を使うと、メッセージを否定したり、批判したりすることなく、そのまま共有することが可能になるのです。

■ 見たこともそのまま伝える

　相手が言ったことや行ったことを、鏡に映すように繰り返すことを**リフレクション（反射）**と言います。繰り返しの技法は聴いたことのリフレクションですが、援助の現場では、見たことのリフレクションも活用するとよいでしょう。

　優しい表情で子どもの話をしている人に、「お子さんのことが可愛くて仕方ないのですね」などと言葉をかけた場合、それは援助職が感じたことを伝えていることになります。見たことのリフレクションでは、援助職の解釈や評価を入れずに、「お子さんの話をしているとき、笑顔になりますね」などと、見たことをそのまま言葉で伝えます。

　話し手の表情やまなざし、しぐさなど、見たままを言葉で返すことで、鏡に映った自分を見るように、相手は自分の状態に気づく機会になるのです。

繰り返しの技法を使うことで期待できる効果

援助職にとっての効果
- 相手のメッセージを確認する機会になる。

相手にとっての効果
- 否定されたり、批判されたりする不安がないので、安心して話を続けることができる。
- 自分の発した言葉をもう一度、他者の声で聴くことで、今の感情や想い、考えを客観的に再認識することができる。

不自然な繰り返しの会話例と対応策

＜不自然な繰り返しの会話例＞

援助職：どうなさいましたか？
相手：それがね、家族が誰も会いに来なくて
援助職：家族が誰も会いに来ないのですね
相手：来たら頼みたいことがあるのに……
援助職：来たら頼みたいことがあるのですね

相手の言葉を一言一言すべて繰り返すと、かえって話しづらさを感じてしまいます。

⬇ ○こうすれば良くなる

オープン・クエスチョンをプラスしてみましょう

援助職：どうなさいましたか？
相手：それがね、家族が誰も会いに来なくて
援助職：ご家族がいらっしゃらないのですね。
相手：来たら頼みたいことがあるのに……
援助職：ご家族に頼みたいことがあるのですね。どのようなことか教えていただけますか？

「家族が誰も会いに来ないのですね」と、相手の言葉をそのまま復唱するより、「ご家族がいらっしゃらないのですね」などと返すほうが自然でしょう。

具体的な表現を促すオープン・クエスチョンをプラスすると、より多くの情報を得ることができます。

🔑 キーワード　オウム返し／言い換え

メッセージを正確に共有する「言い換え」
理解したことを共有しよう

■ 鏡に映すように復唱する「オウム返し」

　カウンセリングでは、基本的な傾聴技法の1つに、オウム返しの技法があります。**オウム返し**とは、言葉どおり、相手の言葉をそのまま繰り返す技法です。例えば、「何も食べたくない」と相手が発した言葉を、聴いたまま、「何も食べたくないのですね」と繰り返します。オウム返しの技法では、相手の言葉を鏡に映すように、そのまま復唱するのです。

　しかし、日常会話で、連続してオウム返しをするのは不自然です。繰り返しの技法を使って、「何も召し上がりたくないのですね」などと自然な表現で返したり、言い換えの技法を使って、「食欲がないのですね」などと同じような意味を持つ言葉に置き換えたりするとよいでしょう。

■ 理解したことを確認する「言い換え」

　言い換えとは、相手の話から感じとったことや、理解したことを、聴き手の言葉で返す技法です。言い換えの技法では、同じような意味を持つ言葉に置き換えるだけでなく、さらに踏み込んで「○○という感じでしょうか？」「○○と考えてよいでしょうか？」などの表現を使って、理解したことを具体的にします。相手から「ええ」「その通りです」などの反応が返ってくれば、援助職の理解が適切であることがわかります。相手も、自分の話を援助職がどのように理解したのかがわかり、安心することができるでしょう。

　もしも、「いえ、そういう感じではなくて」などの反応が返ってきたときは、援助職の理解を修正しましょう。謙虚な姿勢で「詳しくお話ししていただけますか？」などと相手の話を促して、正確にメッセージを共有することを心がけましょう。

言い換えの技法を使うことで期待できる効果

援助職にとっての効果	●相手のメッセージを正しく理解できているかを確認できる。 ●相手のメッセージをより具体的に理解することができる。
相手にとっての効果	●熱心に話を聴いてもらっていると実感することができる。 ●曖昧な部分を明確にしたり、言いたいことを整理したりしながら、話を進めることができる。

COLUMN 相手の話を聞き逃すタイミング

　相手の話に熱心に耳を傾けているつもりでも、ふっとした瞬間に、話を聞き逃してしまうことがあります。あなたの意識が、話し手である相手ではなく、自分自身に向いてしまうときです。

　相手の話を聞きながら、「私もそうだった！」などと、自分自身の体験を思い起こすことがあるでしょう。その体験とともに、「あのときは、私もつらかったな」などと、そのときの感情もよみがえり、気持ちが揺さぶられることもあるかもしれません。

　このような瞬間に、意識が自分自身に向いてしまい、相手の話を聴くことへの集中力が途切れてしまうのです。傾聴するときは、意識を相手に向けることが大切です。それでも、ふっとした瞬間に自分自身に意識が向いてしまったときは、その間に聞き逃したことはないかを確認しましょう。相手にもう一度話をしてもらう代わりに、言い換えの技法や要約の技法（p.118）を使って、あなた自身の理解を確かめるとよいでしょう。

Worksheet 繰り返しの技法・言い換えの技法 ダウンロード対応

繰り返しの技法や言い換えの技法を使って、相手のメッセージを共有してみましょう。

事例1
援助職：ご主人は、どのように仰っていたのですか？
青木さん：「お前がちゃんとしつけをしないからだ」って夫が言ったのでショックでした。私なりに努力しているのに……。
援助職：[　　　　　　　　　　　　　　　　　　　　　　　　]

事例2
援助職：担当者を替えてほしいと伺いましたが、その理由をお話しいただけますか？
伊藤さん：私、担当の○○さんが嫌いなんです！
援助職：[　　　　　　　　　　　　　　　　　　　　　　　　]

「○○さんが嫌いなんです」などと言われると、返す言葉がすぐに見つからず、困ってしまうこともあるでしょう。そのようなときは、「繰り返し」や「言い換え」が有効です。自分があれこれ話をするより、相手に話を展開してもらうとよいでしょう。

事例1の解答・解説

青木さんの言葉をそのまま繰り返して、「**ご主人に『ちゃんとしつけをしないからだ』と言われたことが、ショックだったのですね**」「**あなたは、努力しているのですよね**」とメッセージを共有します。言葉をそのまま返すことで、青木さんは、言いたかったことが誤解されることなくあなたに伝わったと実感することができます。

青木さんの言葉を言い換えてみるのもよいでしょう。「**ショックと仰っていたのは、ご主人にわかってもらえなくて悲しい、という感じでしょうか**」「**あなたが努力していることを、ご主人にもわかってもらいたかったのですね**」などと、あなたが理解したことを言葉で返します。相手の言葉をそのまま繰り返すのか、それとも言い換えるのかは、状況に応じて使い分けるとよいでしょう。

こんな言葉は要注意！

「ひどいことを言うご主人ですね」などと安易に迎合したり、「ご主人だって、わからないこともありますよ」などと自分の個人的な考えで結論づけたりすると、青木さんは話を続けにくくなるので注意しましょう。

事例2の解答・解説

繰り返しの技法を使うと、伊藤さんが強調した言葉をそのまま、「○○さんのことが嫌いなのですね」と返すことになります。このような場合には、直接的な表現を避けて、「**○○さんのことをよく思われていないのですね**」「**○○さんのことが苦手という感じでしょうか**」と言い換えるのもよいでしょう。伊藤さんに言葉を返したことで、「嫌いと言うのはおおげさかもしれませんけど、○○さんって言い方がキツいから話しかけにくくて」「苦手というより、どちらかと言えば……」などと、さらに話を展開してもらう機会にもなります。

こんな言葉は要注意！

「そんなこと言ってはだめですよ」「それは誤解だと思いますよ。○○さんはいい人ですよ」などと、頭ごなしに伊藤さんの言葉を否定することは避けたほうがよいでしょう。援助の対象者のなかには、自分の感情や考えを適切に表現できない人もいます。もしかしたら、伊藤さんは、○○さんの不適切な言動に対して、「嫌い」と表現したのかもしれません。また軽い気持ちで「そうですよね～。わかります」「私も、○○さんってちょっと苦手です」などと話を合わせることにも注意が必要です。安易に迎合すると、そのときは話が盛り上がったとしても、長い目で見たときに信頼関係にヒビを入れてしまうこともあります。

🔑 キーワード　要約／潜在的内容（言い違い、口がすべる）

話の要旨を整理して返す「要約」
事実を確認しよう

話を聞きっぱなしにしない

　要約とは、話の要点を、聴き手が整理して返す技法です。うなずきやあいづちを示しながら一通り話を聴いたあとに、「(要するに)○○なのですね」と短い言葉で要点を返します。

　繰り返しは相手の言葉をそのまま返す技法でしたが、要約は話の要旨を整理して返す技法です。

　日常、私たちがよく使っている「そうですか」「そうだったのですね」は、要約ではなく、あいづちです。あいづちを打つだけでは、聴き手は「私の話をどのように理解してくれたのだろう」と不安になります。「そうですか」などと聞きっぱなしで終わらせるのではなく、「最も優先したいことは○○なのですね」「○○の手続きをしたいと考えているのですね」のように、相手が最も伝えたかったことを確認します。

要約を伝えっぱなしにしない

　要約の技法で話の要点を確認したら、相手がその要約に納得しているかを観察してみましょう。言いたかったことが的確に整理されていれば、満たされた表情や安心した口調とともに、「その通りです」「言いたかったことは、そういうことです」などの言葉が相手から返ってきます。

　浮かない表情や重い口調で、「まあ、そうですね」「そんな感じです」などの曖昧な言葉が返ってきたときは、納得していないサインかもしれません。要約のポイントがずれていないか、丁寧に確認する必要があります。「間違っていたら、教えていただけますか？」などとオープン・クエスチョンを使って、訂正あるいは補足してもらいましょう。

　要約に対する話し手の反応を確認することで、相手が本当に言いたかったことをその場でしっかり聴くことにつながります。

要約の技法を使うことで期待できる効果

援助職にとっての効果
- 相手が最も伝えたかったことが確認できる。

相手にとっての効果
- 話の内容が正確に援助職に伝わっていることが確認できる。
- 援助職が話の要点を確認することで、頭のなかが整理され、効果的に話を進めることができる。
- 最も伝えたかったことに意識が向くので、話が横道にそれるのを防ぐことができる。

上手に要約するためには、相手が何を一番言いたいのか、整理しながら聴いてみましょう。話が終わってから、「えっと、今のお話の要点は……」などと考えてしまうと、応答のタイミングがずれて不自然です。

スキルアップ

潜在的な内容にも耳を傾ける

相手の言葉を注意深く受け取り、伝えようとする内容＜顕在的な内容＞に耳を傾けると同時に、言語的・非言語的なサインから見え隠れする内容＜**潜在的な内容**＞にも注意してみましょう。

フロイトが創始した精神分析理論では、話し手がついうっかり、言い違えたり、口をすべらせたりすることには、何かしらの無意識的な意味や意図が働いていると考えます。疲れているときや逆上しているとき、注意が散漫なときにも起こる現象ですが、フロイトはこれらの条件に当てはまらないときには、言い違えたり、口をすべらせたりした事柄に大切な感情的意味合いが潜んでいると分析しました。

話し手が特定の話題やテーマ、キーワードを繰り返すのも、特別に関心を寄せていることが心のなかにあることを示すサインと考えられるでしょう。

🔑 キーワード　**診断的理解／共感／同情**

相手の感情に寄り添う「共感」
感情を確認しよう

▍援助職がしてしまいがちな診断的理解

「あの、私、自分の子どもが可愛く思えないときがあって……。親として失格だなって思うんです」などと、悲しい表情で話す人が目の前にいたら、自分が何とかしてあげなくてはと構えてしまう援助職も少なくないでしょう。

「子どもが可愛く思えないって、どうして？」などと質問し始めるのは、**診断的に理解**しようとしている援助職です。話の内容だけに注意を向けていると、その状況をもっと詳しく理解しようとして、自分の訊きたいことを優先してしまいがちです。自分が解決してあげようという気持ちが強くなって、つい「どうして？」「なぜ？」などと原因を追及してしまいやすいのです。

▍感情も大切な会話の構成要素

　傾聴するときは、話の内容だけでなく、その話に伴う感情の両方に注意を向けましょう。
　話の内容にばかり気をとられてしまうと、相手の感情を示す言語的・非言語的な表現を見過ごしてしまいがちです。
　共感とは、相手の感情に寄り添う態度のことであり、その態度を実現するためのコミュニケーション技法のことでもあります。共感は、相手の感情を、自分のことのように感じることから始まります。そして、共感の技法では、その人の気持ちをどのように理解したかを、言葉で相手に伝えます。
　診断的に理解しようとする前に、「子どもが可愛く思えない自分を、責めてしまうのですね」などと、共感的に応答しましょう。自分の気持ちに理解を示してもらえると、相手は、援助職に大きな信頼を感じて、安心して話を続けることができます。

同情と共感

　私たちは、相手の状況を見聞きしたときに、「可哀想」とか、「大変そう」と感じることがあります。「もし自分が相手と同じ状況だったら、自分ならこう感じるだろう」と想像し、相手の感情を理解しようとすることは、必ずしも悪いことではないでしょう。しかし、これまでの自分の経験や価値観から、その状況を想像し、相手の感情を理解したとしても、その理解が正しいとは限りません。

　少し距離を置いて、その状況やそのなかにいる相手を、自分の見地で受けとめようとするのは、共感ではなく**同情**です。「可哀想だから」「大変そうだから」という同情は、援助職自身の欲求に基づく、「してあげる」援助につながりかねません。

　相手が必要としている援助を提供するためには、相手の感情をそのまま受容し、ともに感じようとする**共感**が求められるのです。

同情と共感

	同情（sympathy）	共感（empathy）
意味	これまでの自分の経験や価値観から、その状況を想像し、相手の感情を理解する	相手の感情をそのまま受容し、ともに感じようとする
基準	自分（相手の状況を、自分がどう思うか）	相手（相手がその状況において、どう思っているのか）
かかわり	一方的・単方向	双方向
援助の提供	「してあげる」という援助職の欲求に基づいて提供されやすい	相手が必要としている援助の提供が可能になる

Worksheet 共感の技法

【ダウンロード対応】

相手が抱いている感情を理解し、共感の技法を使って確認してみましょう。

事例1
援 助 職：「最近、いらっしゃいませんでしたね。どうかされましたか？」
上野さん：「大切な友人が亡くなってしまったので、何もする気になれなくて……」
援 助 職：[　　　　　　　　　　　　　　　　　　　　　　　　　　]

事例2
援 助 職：「介護をしていて、お困りのことがあれば教えていただけますか？」
遠藤さん：「そうですね……。困っているというか、夜、何度も何度も母に呼ばれたりすると、『もういい加減にして！』ってつい言ってしまったり、モノに八つ当たりしてしまったりすることがあって……」
援 助 職：[　　　　　　　　　　　　　　　　　　　　　　　　　　]

よかれと思って助言をしても、「あなたの意見が聴きたい」「アドバイスをしてほしい」と、相手が望んでいるとは限りません。まずは聴き手に徹して、共感の技法で、相手の気持ちに理解を示すとよいでしょう。

事例1の解答・解説

上野さんの言葉から、友人との別れを悲しむ感情が伝わってきます。その感情をそのまま受けとめ、「**悲しくて、何もする気になれなかったのですね**」などと、共感的に応答しましょう。
さらに「よかったら、お話を聴かせてください」と、上野さんが抱えている感情の表現を促したり、「私にお手伝いできることはありますか？」「何か必要なものはありますか？」などと質問をしたりすると、援助につながる情報を得ることができます。

こんな言葉は要注意！

「何もする気になれなくて」などの言葉を聴くと、上野さんが前向きになれるようなことを言ってあげなくてはと考えてしまいがちです。
「でも、そんなこと言っていても仕方ないから」などと、「でも」「だけど」という表現を使って言葉を返すと、上野さんは自分の気持ちを否定されたと受け取ってしまうでしょう。「いつまでも悲しんでいないで、元気を出してください」と励ましたり、「外に出たら気持ちも晴れますよ」などと気分転換を図ったりするのは、共感を示してからでも遅くありません。

事例2の解答・解説

「**イラっとしてしまうときがあるのですね**」などと、遠藤さんの気持ちに共感的に応答してみましょう。
「そうなんです。イライラしても仕方ないってわかっているんですけどね」などと、遠藤さんの話を深めることができます。
もし、「う〜ん、イラッとするというより、パニックになってしまうって感じに近いかな……」などと言葉が返ってきたときは、遠藤さんが本当はどのような感情を抱いていたのかを知るチャンスです。

こんな言葉は要注意！

「介護をしている人によくある悩みです。私もそうでしたよ。私の場合は……」などと自分の体験談を持ち出して、援助職が話し手になってしまうと、相手の話を深めることができません。つい自分の話を持ち出してしまったときは、「私の場合はそのような感じでしたが、あなたはどうですか？」「〇〇と私は思いますが、あなたはどう思いますか？」と、相手の考えを求める質問をプラスしてみましょう。

🔑 キーワード　明確化／非言語／建前と本音

代わりに表現する「明確化」
表現をサポートしよう

言いたいことを代わりに表現する

　明確化とは、相手が言いたいと思っていることを、聴き手が明確な言葉で表現する技法です。「あの……、その何て言うか……」などと、言葉に詰まっている話し手に対して、援助職が「〇〇ということですか？」と、相手が言いたかったことを言語化します。

　例えば、援助職が「どこでご相談されたのですか？」と尋ねたときに、相手が答えようとしているのに正確な名称が出てこなくて困ってしまうときもあるでしょう。「あの、地域の……、何センターって言ってたかな……」などと思い出せず、相手が言葉に詰まってしまったときに「それは、地域包括支援センターですか？」などと明確化します。援助職が代わりに表現することで、出てこなかった言葉が明確になれば、会話を前に進めることができるのです。

違和感を覚えたら非言語に注目

　明確化の技法を使って、言葉で上手く言い表すことのできない感情を、聴き手が代わりに表現することもあります。

　「納得していただけましたか？」と相手に尋ねたときに、浮かない表情のまま「ええ、まあ一応……。大丈夫です。わかりました」などと答えが返ってきたら、何かしら違和感を覚えるでしょう。それは、「わかりました」という言葉によるメッセージと、浮かない表情から伝わるメッセージが一致していないからです。このような矛盾が見られたら、そのときの相手の表情、目つき、しぐさなどを観察してみましょう。**非言語**が伝えるメッセージに注目してみると、言葉には表現されていない相手の内在化された感情を把握する手がかりになります。「もしかしたら、まだスッキリできない感じですか？」などと、相手に配慮しながら、内在化された感情を明確にするとよいでしょう。

非言語の分類と具体例

分類	具体例
動作行動	顔の表情、目の動き、体・手足の動き、ジェスチャーなど
身体特徴	体の形態、体格・体型、頭髪、皮膚の色、体臭など
接触行動	握手、タッチング、なでる、抱き合うなど
準言語(パラ言語)	語調(声のトーンや大きさ、話す速度、抑揚など)、声の質など
空間行動	距離・位置、空間など
人工品	体にまとっている衣服、メガネ、化粧、香水など
環境要因	室内装飾、照明、色、音楽、温度・湿度など

非言語を通じて、メッセージを発信したり受信したりすることを、非言語的コミュニケーションと言います。私たちの日常のコミュニケーションにおいて、準言語も含む、非言語的コミュニケーションが占める割合は、全体の7~8割と言われています。

COLUMN 建前と本音

　援助の対象者は、不安や遠慮などの気持ちから本音が言えず、コミュニケーションが二重構造になりがちです。援助職から質問されたことに**建前**で答えてしまい、**本音**を率直に言えない、あるいは言わない人もいるのです。

　「その後、おからだの具合はいかがですか?」という質問に対して、「おかげさまで、大丈夫です」などの言葉が返ってくることがあります。その返事を額面通りに受けとめれば、身体の具合はよいと理解することになり、「そうですか、それはよかったです」などと言葉を返してしまいがちです。「おかげさまで、大丈夫です」という言葉は、援助職に対する遠慮や気遣いの表現であり、実は、言葉通りの意味でないこともあるのです。

🔑 キーワード　沈黙／プレッシャー（精神的な圧力）

黙って言葉を待つ「沈黙」
考える時間を保証しよう

意識は自分にではなく、相手に向ける

　援助職が「はい」「いいえ」では答えられない質問をすると、相手は「う〜ん、そうですね……」などと言ったあと、問われたことを考えるために黙ってしまうことがあります。このような場面では、沈黙の技法を使うことで、相手の考える時間を保証しましょう。

　沈黙とは、相手の言葉を黙って待つ技法です。質問されたことについて、頭のなかで出来事を振り返ったり、考えを深めたりする時間が必要な場合には、相手からすぐに答えが返ってこないこともあります。目の前にいる相手が何を思い、考えているのかということに意識を向けながら、相手から出てくる言葉を黙って待ちましょう。

　意識が自分に向いてしまうと、「何か話したほうがいいのかな」と不安になったり、「このまま沈黙が続いたらどうしよう」と緊張を高めたりしてしまい、相手の言葉を上手に待つことができません。そのような援助職の態度が**プレッシャー（精神的な圧力）**となって、相手を焦らせてしまうこともあるのです。

上手に待つポイントは非言語

　沈黙の技法を使うときは、相手にプレッシャーをかけないように、表情、視線、動作・姿勢などの非言語に配慮が必要です。発言を控えて、沈黙を共有しているつもりでも、援助職のけげんそうな表情や、落ち着きのない動作・姿勢などが、相手にはプレッシャーになることもあるからです。「すぐに返事をしないからイライラしているのかな」「これ以上、待ってもらうのは申し訳ない」などと相手を焦らせてしまうと、安心して思考を深めてもらうことはできません。

　落ち着いた姿勢と穏やかな表情、自然なアイコンタクト（p.130）で相手の言葉を待ちましょう。「ゆっくり考えていいですよ」と、柔らかい口調で声がけするのもよいでしょう。

相手が黙ったままだったら？

対応1
質問を言い換える

質問の仕方を変えてみると、答えやすくなることもあります。視野を広げる質問（p.40）で思考の枠を取り除いたり、視点を変えて考えてもらったりするとよいでしょう。

対応2
今の状況を質問する

「今、どのようなことを考えていますか？」「思い浮かんだことは、どんなことですか？」などと尋ねてみましょう。そこから、話を掘り下げていきます。

対応3
話題を変えてみる

考えが行き詰まって困っている様子の人や、「どう言ったらいいのか、わかりません」などと答える相手には、いったん話題を変えてみましょう。
「説明するのは難しいですよね」「突然質問されても、すぐには答えられないですよね」などと言葉をかけて、無理に答えなければいけない状況に追い込まないようにしましょう。

COLUMN 沈黙を破るタイミング

　相手がずっと黙ったままでは、その場の雰囲気を重たくしてしまい、会話も進みません。長すぎる沈黙には、援助職がタイミングよく働きかけることが必要になります。しかし、沈黙を破るタイミングは一律ではなく、その判断は難しいところです。
　カウンセリングでは、クライエントの話が終わって沈黙に入った場合、相手が話を再開するのを待つことが多く、カウンセラーの話で終わった沈黙のときは、カウンセラーのほうから沈黙を破るほうがよいとされています。
　相手が沈黙している間、しっかりと意識を相手に向けて、そのとき、その人にとって、適切な対応を心がけましょう。

🔑 キーワード　**構成力／事実・感情・願望**

引き出した情報を整理する「構成力」
情報を整理しよう

上手に組み立てるためには、上手に分ける

　引き出した情報を整理するために求められるのが**構成力**です。構成力とは「いくつかの要素を1つのまとまりのあるものに組み立てる力」と定義されます。一般的に、構成力とは文章を組み立てる力と思われがちですが、会話においても、得た情報を正しく組み立てるためには構成力が必要です。

　構成力を高めるためには、話に含まれる要素を上手に分けて、整理することが大切です。「これまで（過去）」「今（現在）」「これから（未来）」の3つの要素に分けて、時系列で情報を整理したり、「いつ」「どこで」「誰が」「何を」「なぜ」「どのように」の6つの要素に分けて、5W1Hで整理したりするのが一般的です。

　援助の現場では、客観的事実か、主観的感情か、それとも願望かを区別して整理すると、話の内容を正確に理解することに役立ちます。長所と短所、メリットとデメリットのように相対する要素がある場合には、プラス（＋）とマイナス（－）に分けて整理するのもよいでしょう。

理解のズレはトラブルの原因

　情報を得たら、その内容にあった方法で整理して、1つのまとまりのある情報に統合していきます。情報が多くなっていくときには、マッピング技法（図式法）やアセスメント表などのツールを活用して、整理するのもよいでしょう。

　ちょっとした理解のズレが、気づいたときには大きなトラブルに発展してしまうこともあります。行き違いを回避するためにも、質問をして情報を引き出したあとは、援助職が内容を整理して、お互いの理解を確かめておくとよいでしょう。

整理するためのフレームワーク

時系列：これまで、今、これから、の流れで、情報を整理する

これまで（過去）	過去の出来事、これまでの経緯
今　　　（現在）	現在の状況、今の感情
これから（未来）	将来の希望、これからの予定

5W1H：いつ、どこで、誰が、何を、何のために、どのように、が抜けていないか整理する

When（時期、時間、期間）	いつ、いつまでに、いつからいつまで
Where（場所、位置）	どこへ、どこで
Who（人、対象）	誰が、誰に、誰と、誰を
What（内容、目的）	何を、どんなことを
Why（背景、理由）	なぜ、何のために
How（方法、手順、状況）	どのように、どうやって

事実・感情・願望：客観的事実か、主観的感情か、それとも願望かを区別して整理する

事　実	実際にあった出来事　※推測と区別することが大切
感　情	出来事に伴う気持ち　※建前と本音に注意
願　望	望み、夢、目標など

プラス（＋）・マイナス（－）：正と負の要素に分けて整理する

プラス（＋）	よかったこと、メリット、長所、強み、ストレングス、可能性など
マイナス（－）	よくなかったこと、デメリット、短所、弱み、問題点、リスクなど

🔑 キーワード　アイコンタクト／座り方／傾聴姿勢／防衛姿勢

聴こうとする熱意を伝える「傾聴姿勢」
熱心に耳を傾けていることを表現しよう

■ 存在を承認するアイコンタクト

　質問したあと、援助職が手元の資料を見つめたままだったり、記録をつけることに集中していたり、あるいは、目を閉じた状態で答えを待っていたりすると、相手は話しにくさを感じるでしょう。目の前に聴き手である援助職がいても、視線がまったく合わないと、会話をしている実感が持てないからです。

　傾聴するときは、自然なアイコンタクトを心がけましょう。**アイコンタクト**とは、視線と視線を合わせることであり、非言語によるコミュニケーションの代表的な手段です。

　一般に私たちは、苦手な人からは無意識に視線をそらし、かかわりを持ちたくないという意思を示します。逆に、しっかりと視線を合わせることによって、「私はあなたの存在を承認しています」「あなたの話に関心を持っています」などのメッセージを伝えるのです。

■ アイコンタクトは短すぎず、長すぎず

　しかし、無理にアイコンタクトをとろうとして、じっと相手を見つめるのは逆効果です。

　適切とされるアイコンタクトの長さは、一般に話している時間の50％程度と言われています。常に相手をじっと見つめているよりも、適度に視線を合わせたり、そらせたりするほうが自然でよいでしょう。

　アイコンタクトをとるときは、相手の目を凝視するのではなく、胸から上全体を柔らかく見るようにしましょう。視線を合わせることが苦手な援助職は、相手の目よりもやや下の辺りで、可能な限り目に近いところを見るようにします。相手からはちゃんと視線が合っているように見えるので、実際には目と目を合わせていなくても、相手が不自然さを感じることはないでしょう。

自然なアイコンタクトに適した座り方

適度なアイコンタクトのためには、座り方も工夫するとよいでしょう。

相手の斜め45度の位置に座る90度法（直角法）は、自然なアイコンタクトに適した座り方です。相手としっかり目を合わせて質問をしたら、相手が考えているときには自然に視線をそらします。相手が話し始めたタイミングで、またアイコンタクトをとりましょう。

面接室や応接室などでよく見られる対面法は、緊張感をもたらしやすく、アイコンタクトが苦手な人には不向きな座り方です。

適した座り方

対面法

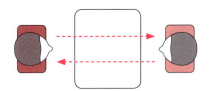

視線をそらしにくくなるので、**緊張感**をもたらしやすい座り方

90度(直角)法

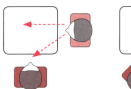
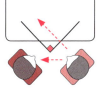

自然なアイコンタクトが可能になり、よりリラックスできる座り方

アイコンタクトにはここを見よう

この辺り！

相手の目よりもやや下の辺りで、可能な限り目に近いところを見るようにする

話す意欲を低下させる防衛姿勢

　話を聴いているとき、無意識のうちに腕を組んだり、脚を組んだりする人がいます。これは、緊張したり、不安を感じたりするときに、自分を守ろうとする**防衛姿勢**と考えられています。援助職がこのような姿勢では、相手は、自分との間に壁をつくられているようで、話しづらさを感じてしまうかもしれません。

　話を聴くときの姿勢や動作（指でペンを回す、髪に触るなど）は癖になっているものが多く、援助職が意識していないところで、相手に意図しないメッセージを伝えていることもあります。

　質問されたことに答える、あるいは、答えるために考えようとする意欲を高めるのは、熱心に耳を傾けようとする援助職の姿勢です。話を聴くときの自分の姿勢を、確認しておくとよいでしょう。

第6章

質問力を援助に活かそう

第6章では、面接、解決志向アプローチ、コーチングなど対話場面での質問の仕方、
行動変容や動機づけ、ストレスの緩和などを行うときの質問の活用について紹介します。
第4章で学習した「こんなときは、この質問！」を、援助の目的に応じて、
適切に組み合わせてみましょう。
質問のレパートリーを持ち、それらを目的や状況に応じて上手に活用できる、
質問力の高い援助職を目指しましょう。

第6章の読み方・使い方

第1章から第5章まで順序通りに読んだ人は……

すでに学習した質問の技術や、傾聴する技術を整理しながら、第6章を読んでみましょう。援助の目的に応じて、どの質問を使い、どのような順序で問いかければよいのかを学びます。

第6章から読み始める人は……

気になっていた援助の方法があれば、その方法で必要とされる質問の技術を特定してから、第4章「こんなときは、この質問！」に進んでみましょう。ワークシートにチャレンジしながら、質問のレパートリーを増やしていくとよいでしょう。

🔑 キーワード　面接／面談

面接の基本的な進め方
質問力で対話を進める

すべての対話で不可欠な質問力

　援助の現場では、さまざまな目的のために面接が行われます。例えば、援助の対象者へのアセスメントを目的とした面接、相談援助のための面接、カウンセリングなどの心理面接（治療面接）、専門家による指導のための面接（面接指導）、調査研究を行うときの面接（面接調査）、職員を採用するときの面接（採用面接）など。目的はさまざまですが、**面接**は直接相手と会って対話することを意味します。

　一般的には、採用面接や面接試験のように、選考したり評価したりする目的で実施されるものを"面接"と言い、それに対して、親子面談や職員面談のように、相互の理解を深める目的で実施されるものを"**面談**"と呼ぶこともあります。

　面接であれ、面談であれ、相手と対話する場面で、援助職に共通に求められるものは、相手に上手に問いかける質問力です。

面接する側と面接される側の不安

　初対面の相手との面接では、援助職も緊張してしまいがちです。「どのように質問すればよいのだろうか？」「相手は、自分を信頼して何でも答えてくれるだろうか？」などと、不安になってしまう援助職もいるかもしれません。

　緊張や不安を感じているのは、相手も同じです。「何を訊かれるのだろう？」「ちゃんと回答できるだろうか？」などの面接に対する緊張だけでなく、「自分は受け入れてもらえるだろうか」「軽蔑されたらどうしよう」などの面接者に対する不安も伴います。

　援助職がいくら上手に質問をしても、問いかけられた相手が緊張したまま、あるいは不安な気持ちのままでは、面接を上手く進めることはできないでしょう。援助職の質問力を発揮するためには、話しやすい雰囲気づくりと、相手への配慮が欠かせません。

面接の基本的な進め方

ステップ1　挨拶
- 自然な笑顔で、自分から先に挨拶する
- 挨拶は相手の存在を承認して、好意的にかかわろうとする意思を伝える

　例「こんにちは。○○さん、お待ちしておりました」

ステップ2　自己紹介
- 簡単に自己紹介をして、相手の警戒心を解く

　例「担当する○○です。よろしくお願いします」

ステップ3　導入
- いきなり本題に入ると、相手は緊張して身構えてしまうので注意
- リラックスできるように、雑談＋クローズド・クエスチョンで会話を始める

　例「初めていらっしゃったのですね。この場所はすぐわかりましたか？」

ステップ4　質問
- 本題に入るときには、オープン・クエスチョンを使う
- 事前に、面接で質問する項目とその手順を準備しておく

　参考 ▶ 第2章　質問力を高めよう　p.42「質問で、深める！」

- 「訊いたら、聴く」を忘れずに、質問をしたら、相手の回答を傾聴する

　参考 ▶ 第5章　訊いたら、聴く

ステップ5　確認
- 補足したいことがないか、逆に質問したいことがないかを、相手に確認する

　例「以上になりますが、補足したいことがあればお話ししてください」
　　「最後に、確認しておきたいことはございますか？」

ステップ6　終了
- 相手に感謝の気持ちや、相手への労いを伝える

　例「今日はお時間をいただき、ありがとうございました」
　　「○○さんの考えを伺うことができて、よかったです」

🔑 キーワード　心理療法／アプローチ／解決志向アプローチ（SFA）

その人のリソースを見つけて活かす
質問力で解決志向の援助をする

心理療法を活用したアプローチ

「心理療法」という用語から、あなたは何をイメージしますか？
　精神分析に代表されるような、無意識下に抑圧された感情や心的外傷（トラウマ）に着目した、心理的な治療を思い浮かべる人も多いでしょう。現在では、心の内面への治療だけでなく、個人の心理あるいは行動における不適応への援助も、**心理療法**と広く捉えられるようになりました。

　援助の現場で用いられるアプローチにも、さまざまな心理療法の考え方や技法が活用されています。そのなかでも、近年、注目されているのが、短期療法（ブリーフセラピー）をモデルとした解決志向アプローチです。**アプローチ**とは、その人が抱える問題や課題に接近（アプローチ）し、その解決というゴールに到達するための方法のことを言います。

解決した状態に焦点を当てる

　短期療法は、名称からもわかるように、治療期間を短縮するために開発された心理療法です。これまでの心理療法が、その人の抱える問題に焦点を当てて、過去にさかのぼって原因を探し、解明しようとしていたのに対して、短期療法では、ダイレクトに解決を目指すことに大きな特徴があります。「どうなりたいか？」「どうなればいいのか？」という未来の望ましい状態に焦点を当てて、その状態に近づくことができるように、その人の持つリソース（資源・資質）を活用していくのです。

　この考え方は**解決志向アプローチ（Solution-Focused Approach：SFA）**として、カウンセリングやソーシャルワークにおいても注目されています。このアプローチでは、例外探しの質問などを積極的に活用して、相手に、「どうなりたいのか？」「そのためにはどうすればいいのか？」をイメージしてもらい、その実践をサポートするのです。

解決志向アプローチの3つの考え方

❶ 上手くいっていることは変えない！
❷ 一度でも上手くいったことは繰り返す！
❸ 上手くいかないときは、違うことをやってみる！

COLUMN 解決志向アプローチ

　解決志向アプローチは、薬物や飲酒等の嗜癖による家族問題などを扱っている、アメリカのブリーフ・ファミリー・セラピー・センター（BFTC）で開発されました。解決志向アプローチ、あるいは、ソリューションフォーカスト・アプローチ（SFA）のほか、解決志向ブリーフセラピー（SFBT）とも呼ばれることがあります。

　解決志向アプローチでは、その人のことを一番よく知っているのは本人であり、問題解決に役立つリソースを持っているのもその人自身であると考えます。

　リソースとは資源や資質のことであり、その人本人が持っている個人の内的なリソースと、その人の周囲にある外的なリソースの2つがあります。このアプローチでは、課題を解決するために使うことのできるすべてのものがリソースであり、そのリソースを見つけて、有効に活用することを目指すのです。

外的なリソース
家族や友人、所有している物品、所属している団体、環境、福祉制度など

内的なリソース
本人の能力、性格、知識、経験、興味・関心のあること、得意なことなど

解決志向アプローチに有効な質問例

以下の質問例を参考にして、どのような質問をするか準備しておくとよいでしょう。

 ### リソースを探す質問

「今までの経験で活かせることは何ですか？」

「あなたの強みのなかで活かせるものはどんなことですか？」

「あなたに協力してくれそうな人は誰ですか？」

「上手くいくためには、何があれば（どんな情報があれば）よいですか？」

 ### ミラクル・クエスチョン

「突然奇跡（ミラクル）が起こって、気になることや悩みが完全に解決したとしたら、あなたはどのような状態になっていますか？」

「今晩、あなたが眠っている間に奇跡が起こり、あなたが抱えている問題がすべて解決したら、明日はどのような一日になりますか？」

「すべての問題が解決したら、あなたはどのように一日を過ごしますか？」

 ### ドリーム・カム・トゥルー・クエスチョン（ドリカム・クエスチョン）

「仮に、あなたの夢が叶って、問題がすべて解決したとしたら、あなたはそのときどんなふうにしていますか？」

「あなたの願いが叶って、何もかも上手くいくとしたら、あなたはそのときどのようにしているでしょうか？」

> ミラクル・クエスチョンは、ミラクル（奇跡）が起きたと仮定して、望ましい状況を具体的にイメージしてもらう質問です。日本人には、「夢が叶ったら」という表現のほうが馴染むため、ドリカム・クエスチョンの活用が提案されています。

スケーリング・クエスチョン

「まったくできなかった状態が0、よくできた状態が10なら、今はいくつですか？」

「ベストの状態が100点だとすると、今日は何点ですか？」

例外探しの質問

「これまでに、そうでなかった例はありますか？」

「問題が起きなかったときは、どのようなときでしたか？」

「比較的よかったときは、どのようなときですか？」

コーピング・クエスチョン

「つらい状況を、どうやって乗り越えてきたのですか？」

「そんな大変な状況のなかで、どのようにして頑張ってこられたのですか？」

「最悪の事態にならないように、どのような努力をされたのですか？」

リフレーミング

「その行動は、どのような場面だったら役に立ちそうですか？」

「その体験が、何か他のことに役立つことはないでしょうか？」

「そのことが、何かを変えるきっかけになりませんか？」

> スケーリング・クエスチョン、例外探しの質問、コーピング・クエスチョン、リフレーミングは、本書の第4章「こんなときはこの質問！」のなかで詳しく紹介しています。

🔑 キーワード　行動変容／重要度－自信度モデル

行動が変わると、生活も変化する
質問力で行動変容を援助する

行動を起こすか否かは本人次第

　行動変容とは、広い意味での行動修正に用いられている用語です。
　例えば、喫煙者が禁煙をしようとしたり、夜型の生活を続けてきた人が早寝早起きを毎日実行しようとしたりするのは、容易なことではないでしょう。いくら頭のなかで「タバコは『百害あって一利なし』ってよく言われるし……」「朝型の生活習慣に変えたほうがいいとは思うけど……」などと、その必要性を理解していても、実際に行動を変えるためには、知識の習得だけでは十分とは言えません。
　知識以上に、行動変容に大きく影響するのが、その人自身の態度です。その行動を起こすか起こさないかは本人次第であるため、質問することを通して、その人が本来持っている力を引き出して、十分に発揮できるよう支援していくことが大切になるのです。

観察可能な行動に焦点を当てる

　私たち人間は、未熟な状態で生まれ、成長する過程において、経験から多くの行動を身につけます。つまり、今、私たちが当たり前のように行っている行動のほとんどは、生まれたあとに学習されたものなのです。
　生活習慣にかかわる行動に限らず、例えば「イラッとするとモノや人に当たる」「言いたいことがあっても主張できない」なども、学習された行動、あるいは、適切に学習されなかった結果と捉えることができます。過去の出来事やその人の性格などに原因を求めて、改善を図ろうとするのではなく、観察可能な行動に焦点を当てて、行動を修正しようとするのが行動変容の考え方です。
　その人の行動が変われば、気持ちや考え方も変わります。その人の生活全体にも、肯定的な変化が期待できるでしょう。

行動変容のステージ

その人が今、どのステージにいるのかによって、援助職のかかわり方も変えていくことが大切です。

無関心期 　**行動を変える必要性を感じていない段階**
（半年先も、行動を変えようとは思っていない）

- 相手を説得しようとしても、効果は期待できない
- 情報提供によって、相手に興味・関心を持ってもらう

関心期 　**必要性に気づいているけど、実行できていない段階**
（半年以内には、行動を変えようと思っている）

- 重要度－自信度モデル（p.142）を活用して支援する

準備期 　**行動を起こそうとしている段階**
（1ヵ月以内に行動を変えようと思っている）

- あと一押しするために、目標を明確にして、その目標を達成するための戦略を一緒に考える

実行期 　**行動を起こした段階**
（行動を変えて半年未満である）

- 行動変容が安定するような工夫（ご褒美、周囲のサポート等）を助言する

維持期 　**行動が維持できるような外部環境を自ら選択できる段階**
（行動を変えて半年以上である）

- 行動を維持しようとする努力を肯定的に評価する

重要度－自信度モデルは、その人の行動変容に対する準備性を把握するときに活用するとよいでしょう。準備性とは、さまざまな心理的活動の程度を反映した心の状態のことです。行動を変えることを重要だと考え、それを成し遂げる自信があれば、その人の行動変容への準備が整っていると考えられます。

● **重要度**を確認する質問

「とても重要なら10、まったく重要ではないなら0とした場合、○○することはご自分にとってどの程度重要ですか？」

「あなたにとって、それはどのくらい重要ですか？　重要度を0～10までの数字で答えてください」

● **自信度**を確認する質問

「あなたは○○できる自信がどの程度ありますか？　それは点数化すると、10点満点中何点ですか？」

「○○する自信がとてもある状態を10としたら、明日から実行する自信はどれくらいですか？」

重要度が低い場合の援助

その行動を実行したときの利益・不利益を考えてもらう質問をする

「もしも、実行した場合には、どうなりますか？」

「実行すると、どのようなことが予測されますか？」

「実行した場合のメリット（デメリット）は？」

その行動を実行しないときの利益・不利益を考えてもらう質問をする

「もしも、実行しなかった場合には、どうなりますか？」

「実行しないと、どのようなことが予測されますか？」

「実行しなかった場合のメリット（デメリット）は？」

➡ **特に、実行したときの利益と、実行しないときの不利益を認識することで、重要度を高める！**

自信度が低い場合の援助

過去の成功体験を振り返ってもらう質問をする

「今までで、自分が頑張ってきたと思うことは何ですか？」

「これまでで、大変だったけど乗り越えることができた経験は？」

- その行動を実行して成功した人の話をする
- その人の周囲（家族や友人）にも協力してもらう

➡ **その人の自己効力感（「自分にもやれるかもしれない」という感覚）を高める！**

🔑 キーワード　コーチング／拡大質問・特定質問

質問を上手につなげて、答えを引き出す
質問力で自己決定を支援する

側面からサポートするコーチング

「その人らしさ」を大切にした援助とは、その人を主役にした援助とも言えるでしょう。援助職がいつも「○○してください」「△△しましょう」と細かく指示ばかりしていては、相手は、自分の意思とは関係のないところで、自分の生活がコントロールされていると感じるかもしれません。可能な限り、その人自身が主体的に考え自らの意思で援助サービスを受けることができるように、援助職はコーチングを活用してサポートするとよいでしょう。

コーチングとは、相手に質問をすることで、その人自身が自分で答えを見つけられるように側面から支援する方法のことです。例えば、「どうしたらよいと思いますか？」などと尋ねられると、相手は質問に答えるために「どうしたらよいか」について考え始めます。そして、自分の考えを話すことで、頭のなかが整理されたり、また、意識していなかったことに気づいたりするのです。

コーチングの質問のスキル

コーチングの要となる技法は質問です。

コーチングでは、オープン・クエスチョンのことを**拡大質問**、クローズド・クエスチョンのことを**特定質問**と呼びます。その名称が意味する通り、拡大質問を使うと、多くの情報を引き出して話題を広げることができます。特定質問は、相手の行ったことを確認したり、単純な選択を促したりするときなど、何かを特定するときに使うとよいでしょう。

拡大質問を中心に、未来質問（p.94）や肯定質問（p.90）などを上手につなげて、その人の目標達成や問題解決を側面からサポートするのです。

コーチングの3つの理念

❶ 人は無限の可能性を持っている

❷ その人が必要とする答えは、その人の内側にある

❸ 互いに協働的なパートナー関係を築く

スキルアップ

人材育成にもコーチング

人材育成の方法には、指示や助言を通して、スタッフに必要な知識や技術、やり方などを教える**ティーチング**と、質問をすることで、スタッフに考える機会を提供し、答えを引き出していく**コーチング**があります。

新人職員への指導教育ではティーチングで教えることが中心になりますが、一方的に教えるばかりでは、自分で考えて判断したり工夫したりする能力は育ちません。徐々にコーチングの機会を増やして、考える力を養う必要もあります。教育効果を高めるためには、ティーチングで業務に必要な知識や技術などをインプットしたら、コーチングで問いかけてアウトプットするなど、ティーチングとコーチングを上手に使い分けることが大切です。

ティーチング	コーチング

知識や技術、仕事のやり方などを教える＜インプット＞	問いかけて引き出す＜アウトプット＞

質問集

目標達成をサポートする場合（GROWモデル）の質問例

目標達成をサポートするときは、
目標（G）、現状（R）、選択肢（O）、意思決定（W）
それぞれについて質問をします。
以下の質問例を参考にして、
どのような質問をするか準備しておくとよいでしょう。

目標 Goal　達成しようとする目標について問いかけましょう

基本フレーズ

「あなたの目標は何ですか？」
「あなたの夢は何ですか？」
「どうなったらいいなと思いますか？」
「どうなれたら、嬉しいですか？」
「あなたのやりたいことは何ですか？」

> 基本フレーズは覚えておきたい！

応用フレーズ

今、変えたいことを質問する

「何を変えたいですか？」
「何をやめたいですか？」
「やりたいと思っていて、やっていないことは何ですか？」

> 目標や夢が思い浮かばないときは、その人が今、変えたいと思っていることを糸口にして、どう変えたいのかを考えてもらおう！

将来のイメージを質問する

「半年後、何ができるようになっていたいですか？」
「○歳のときには、どうなっていたいですか？」
「3年後には、何をしたいですか？」
「5年後は、どのような生活をしていたいですか？」

> 少し先の自分をイメージしてもらうことで、具体的にどうなりたいのかを考えてもらおう！

価値観を質問する

「あなたが考えているもっとも大切なゴールは何ですか？」
「あなたが理想とするのはどのような状態ですか？」
「あなたはどんな自分になりたいですか？」
「最終的に求めているものは何ですか？」

> その人にとって何が大切なことなのか、どういう状態が理想なのかを考えてもらおう！

現状 Reality　現状を話してもらうことで目標とのギャップを明確にしましょう

基本フレーズ

「今は、どのような状況ですか？」
「これまで、どのように努力されてきましたか？」
「今までは、どのようなやり方をしていましたか？」
「今までに、どのようなことを試してみましたか？」
「現在、上手くいっていることは何ですか？」

> 基本フレーズは覚えておきたい！

応用フレーズ

スケーリング・クエスチョンをする

「目標が達成できたときを10としたら、今はどのぐらいですか？」
「100点満点に対して、今は何点をつけますか？」
「目指すところが山の頂上なら、今は何合目辺りでしょうか？」

> 現状を、数値で表現してもらおう！

6 質問力を援助に活かそう

阻害要因を質問する

「目標を達成するために、解決しなければならない問題点は何ですか？」
「それに取り組むうえで、困っていることはどのようなことですか？」
「あなたの足を引っ張っているものは何だと思いますか？」
「あなたが心配していることは何ですか？」

> 何が目標達成を妨げているのかを考えてもらおう！

選択肢 Options 目標と現状とのギャップを埋める方法を引き出しましょう

基本フレーズ

「目標に近づくために、どうすればよいと思いますか？」
「目標に向かうために、何があればいいですか？」
「できそうなことは何ですか？」
「どうしたら、できるようになると思いますか？」
「やってみようと思うことは何ですか？」

> 基本フレーズは覚えておきたい！

応用フレーズ

リソースを見つける質問する

「協力してくれそうな人は誰ですか？」
「過去にどのような目標を達成した経験がありますか？」
「役に立ちそうな情報は、どこから入手しますか？」
「強みとして活かせることは何でしょうか？」

> 自分の持っている内的・外的なリソース（資源）を振り返ってもらい、その資源を活用することを考えてもらおう！

仮定して質問する

「仮に、上手くいく方法があるとしたら、それは何だと思いますか？」

「もし、できることがあるとすれば、それはどのようなことでしょうか？」

「何の制限もつけずに挙げてみると、どのようなことがありますか？」

「思いつくアイデアは？」

> 「仮に」「もし」と仮定することで、自由に考えてもらおう！

スケーリング・クエスチョンをする

「100点満点に対して、今は△点なのですね。では、さらに10点加算するためには、どうしたらよいでしょうか？」

「目指すところが山の頂上なら、今は何合目辺りでしょうか？ さらに1合登るには、何をしたらよいと思いますか？」

> 現状を数値で表現してもらった場合、その数値を上げる方法を考えてもらおう！

意思決定 Will 何を、いつから行うのかを明確にしましょう

基本フレーズ

「どのような手順で実行しますか？」

「すぐに取り組めそうなものはどれですか？」

「そのなかでもっとも簡単に取り組めそうなものはどれですか？」

> 基本フレーズは覚えておきたい！

応用フレーズ

スケジュールを質問する

「いつから始めますか？」

「それはいつまでにしますか？」

「次回までに、どれぐらいやってみますか？」

「それは、どこでやりますか？」

> 確実に実行してもらうために、期限や量、場所などを具体的に決めてもらおう！

問題解決をサポートする場合の質問例

問題解決をサポートする場合には、問題、背景、解決策、解決行動それぞれについて質問をします。
以下の質問例を参考にして、どのような質問をするか準備しておくとよいでしょう。

 問題 問題を明確にするための質問をしましょう

「最近、困ったなと感じていることを教えてください」
「今、心配なことは何でしょうか？」
「気になっていることは何ですか？」
「改善したいと思っていることは何でしょうか？」

 背景 問題の背景を振り返る質問をしましょう

「そうなった理由は何だと思われますか？」
「どのような経緯で、そうなったのですか？」
「ほかに原因があるとすれば、どのようなことが考えられますか？」

 解決策 解決策のアイデアを引き出しましょう

「どうするのがよいとお考えですか？」
「どう対処しようと思っていますか？」
「どうすれば状況を改善できると思いますか？」

解決策のアイデアが複数ある場合には、それぞれの選択肢のメリット・デメリットを考えてもらうための質問をしましょう。

例 AにしようかBにしようかで迷っている

A（B）にした場合を考えるための質問例

「もしも、A（B）にした場合には、どうなりますか？」
「A（B）を選んだとして、どのようなことが予測されますか？」
「A（B）を選んだ場合のメリット（デメリット）は？」

選択を促すための質問例

「Aにしますか？それとも、Bにしますか？」
「AかB、どちらを選びますか？」

> 出てきたメリットとデメリットを書き出していく「筆記法」を活用するとよいでしょう。下表のように、それぞれの選択肢のメリットとデメリットを箇条書きにしていきます。文字にしていくことで、客観的に再確認することができます。

解決行動 解決に向けての行動を計画しましょう

「何から始めますか？」
「いつから開始しますか？」
「今週中に始められることは何でしょう？」
「まず、どこまでやりましょうか？」
「この1週間で、何回やってみましょうか？」

> それぞれの選択肢のメリットだけでなく、デメリット（問題、リスク、不安など）も認識したうえで、現実的な自己決定をしてもらうことが大切です。

例）どのように○○を勉強するか

選択肢	A 学校に通う	B 本などで独学する
メリット	・専門的な知識を学ぶことができる ・一緒に学ぶ仲間ができる ・情報交換できる ・資格が取得できる	・専門的な知識を学ぶことができる ・すぐ始められる ・空いた時間に勉強できる ・費用が節約できる
デメリット	・費用がかかる ・勤務時間を調整する必要がある	・質問があっても教えてもらえない ・自己管理できないと続かない

🔑 キーワード　動機づけ面接（MI）／負担と動機のシーソーモデル

自分で決めると、やる気も高まる
質問力で意欲を高める

納得できなければ、主体的になれない

　動機づけ面接（モチベーショナル・インタビューイング：MI）とは、これまでの「指導」とはまったく異なる視点から開発された、動機づけと行動変容を促す方法です。「どのように実践させるか」を重視する指導に対して、動機づけ面接では、「なぜ実践しないのか」を考えます。

　援助職が指導をするときには、実践してほしいことを相手に指示したり、実践しないとどうなるのかを説得したりします。相手が、「しつこく言われたから」あるいは「やらないと怒られるから」などの理由から実践したとしても、それは、そのときだけの行動になりがちです。援助職からのプレッシャーがなくなれば、その人は実践することをやめてしまうでしょう。本人が心から納得していなければ、動機づけは維持されません。

負担を軽減して、動機を強化する

　動機づけ面接では、オープン・クエスチョンを使って、相手が認識していることや、理解していることを確認しながら、その人自身に実践するための方法を考えてもらうのです。例えば、「毎日、ちゃんと実行していますか？」と確認する代わりに、「どのように実行していますか？」と、相手に説明を求めるような質問をしてみましょう。

　その人の説明に注意深く耳を傾け、本人が上手くいかないと感じていることがあれば、「それについては、どうすればよいと思いますか？」などと相手に問いかけます。

　行動が実行されていないときは、「何が問題で実行できなかったのでしょうか？」などと尋ねて、その理由や背景を確認しましょう。理由や背景がわかったら**負担と動機のシーソーモデル**を活用して、その人の負担を軽減する方法を考え、必要に応じて動機を強化することで、相手のやる気と行動の継続をサポートするとよいでしょう。

📈 スキルアップ

負担と動機のシーソーモデル

シーソーモデルでは行動を左右する要素として＜動機＞と＜負担＞があり、この2要素を支えるものとして自己決定能力と周囲からの社会的支援があります。動機より負担のほうが重い状態では、行動を実行するのは難しいでしょう。**負担を軽減し、動機を強化する**ことで、行動は実行に移されるのです。

＜行動を左右する要素＞

| 動　機 | …… | その行動に対する**やる気** |

| 負　担 | …… | その行動に伴う**負担** |

- 身体的負担：痛み、疲れ
- 心理的負担：ストレス、不安、恐れ
- 社会的負担：周囲とのかかわり、社会的責任
- 経済的負担：金銭的な負担

> 行動の種類と個人的条件によって伴う負担は異なる

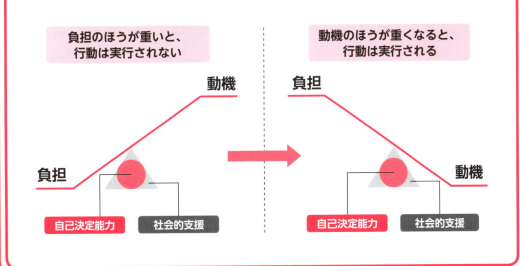

🔑 キーワード　ストレス／心理社会的ストレスモデル

ストレスにおける個人差を見つける
質問力でストレスを緩和する

■ その人のストレスは、その人にしかわからない

「人間関係がストレス」「ストレスで胃が痛い」などと、私たちは日常的に、ストレスという用語をよく使っています。**ストレス**とは「何らかの刺激によって、心や体が歪んだ状態」を意味する言葉です。

家庭内の問題や、学校・職場でのトラブル、人間関係の悩みなど、ストレスフルな出来事に直面すると、ストレスを感じて、心や体にさまざまな症状が現れることがあるでしょう。その一方で、そのような出来事に直面しても、そのときに誰かがサポートしてくれたことで、深刻なストレス反応を引き起こさずに、何とか乗り越えられることもあります。

上手に問いかけて、その人の話を傾聴することも、援助職ができるサポートの1つです。質問をすることで、「あなたのことを気にかけています」という援助職のメッセージが、効果的に相手に伝わるでしょう。

■ ストレスを緩和する質問

例えば、事実を確認する質問をして、現実的に状況を整理してみましょう。ストレスフルな出来事に直面すると、私たちの感情はネガティブになりやすく、その感情がネガティブ思考に発展して、さらに強い不安や絶望を生んでしまいます。現実的に状況が整理できると、その人の気持ちに冷静さが戻り、落ち着いて考えることができるようになります。

また、強みを発見する質問は、その人のストレス耐性を高めることに役立ちます。私たちは、自分自身の強みにはなかなか気づくことができません。援助職が質問することで、相手は自身を振り返り、新しい強みを発見したり、あるいは、自分では当たり前だと考えていた資質が強みであったことに気づいたりするかもしれません。自分を肯定することができると、困難な状況にも負けない心の強さを得ることができるのです。

心理社会的ストレスモデル

　心理社会的ストレスモデルでは、ある出来事がストレスになり得るかどうかは、認知的評価（個人の主観的な解釈による評価）によって判断されると考えます。

　認知的評価は、一次評価と二次評価の2段階で行われます。一次評価は、ある出来事が自分自身に対してどのように影響するのかを評価する過程です。その出来事を、自分にとって害のないものと受けとめればストレスは生じませんが、害を及ぼすものと受けとめた場合に、その出来事はその人にとってストレッサーとなるのです。

　二次評価では、そのストレッサーに対して、どのような対処が可能か、その対処は効果が期待できるものなのか、などを評価します。最終的に、「何とかなる」と評価すればストレスは緩和されますが、「だめだ、どうにもならない」と評価すると、ストレスは高まるのです。

　これまでの経験、知識や情報、自身の価値観や性格傾向などをもとに、私たちは認知的評価を行い、その結果がストレスにおける個人差を決めているということがわかってきました。

＜心理社会的ストレスモデル＞

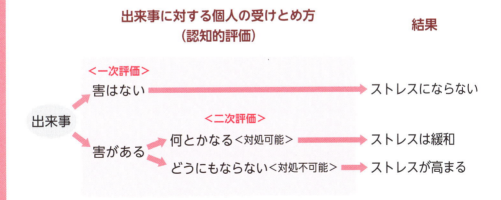

ストレスを緩和させるために有効な質問例

ストレスを緩和させるためには、事実を確認する質問、リフレーミングする質問、強みを発見する質問、周囲からのサポートに気づくための質問を活用してみましょう。
以下の質問例を参考にして、どのような質問をするか準備しておくとよいでしょう。

 事実を確認する質問

「そもそもきっかけ（引き金）は何だったのですか？」
「実際に何が起こったのですか？」
「その人は、具体的にどのようなことを言ったのですか？」
「その結果、どうなったのですか？」

> 事実を確認する質問をして、現実的に状況を整理する

 リフレーミングする質問

「その経験が、役に立つことはないでしょうか？」
「そのことが、有利に働く場面はないですか？」
「それが、何かを促進することはないですか？」
「その出来事によって、どのようなことを考えましたか？」
「そのことが、何かを変えるきっかけになりませんか？」

> 視点を変える質問をして、その事実を捉え直してみる

強みを発見する質問

「あなたの長所は何ですか？」

「自分についてもっとも大きな達成は何ですか？」

「自分のもっとも好きなところはどこですか？」

「何をしているときがもっとも楽しく感じますか？」

「どんなときに自分らしいと感じますか？」

「自分がベストの状態はどんなときですか？」

> 強みを発見する質問をして、相手の自己肯定感を高める

周囲からのサポートに気づくための質問

「あなたを支援してくれる人は誰ですか？」

「あなたにとって、心の支えとなる存在は誰ですか？」

「あなたにとって大切な人は誰ですか？」

「過去に大変だったときに、親身になってくれた人は誰でしたか？」

「叱咤激励してくれる人はいますか？」

「どのような人たちがあなたをサポートしてくれますか？」

「何があなたの心の支えになっていますか？」

> 周囲から得られるサポートに気づく質問をして、相手のストレス耐性を高める

その人を取り巻く、家族、友人、同僚などから得られる支援のことを、**ソーシャルサポート**と言います。適切なソーシャルサポートには、ストレスを緩和する作用があることが明らかになっています。

おわりに

　本書を執筆するきかっけとなったのは、研修やセミナーの仕事を通して、私が出会った援助職の方々から届いた声でした。「質問をしただけなのに、なぜか相手を怒らせてしまった」「問いかけても、相手に答えてもらえない」など、質問に苦手意識を持っている方が少なくないことに、気づくことができたからです。

　本書では、援助の現場で質問をするときの、ちょっとしたコツとテクニックを、心理学の知識とともに紹介しています。本書の質問例は、援助職の方々が、日々実践されている問いかけを参考にさせていただきました。本書を執筆するにあたり、全国各地の援助職の皆さまから教えていただいたことが、最大の拠り所になりました。いつも多くの学びと気づきを、ありがとうございます。

　そして、本書の企画から編集まで、ご尽力いただきました翔泳社の小澤利江子さん、2017年に出版した『対人援助の現場で使える　聴く・伝える・共感する技術便利帖』に引き続き、また一緒にお仕事させていただけたことを幸せに思っております。小澤さんの素敵な感性に全幅の信頼を置いて、今回も楽しく執筆に取り組むことができました。ありがとうございました。

　私は、質問が大好きです。それは、たぶん、アメリカの大学・大学院での体験が大きく影響しているのだと思います。留学当初、発問という教育方法に慣れていなかった私は、授業中に、教授から質問されるとオロオロと戸惑ってばかりでした。少人数のクラスではもちろん、200人以上の学生が学ぶ大講義室においても、質問によって学生に考えさせる授業が毎日続いていたことを思い出します。いつしか私は、質問されることだけでなく、質問をすることにも慣れて、戸惑いは主体的に学ぶ楽しさに変わりました。質問のすごい力に気づいたのはそのときです。最後になりましたが、そのような素晴らしい教育の機会を与えてくれた、私の両親に感謝したいと思います。

2019年7月
大谷　佳子

本書内容に関するお問い合わせについて

このたびは翔泳社の書籍をお買い上げいただき、誠にありがとうございます。弊社では、読者の皆様からのお問い合わせに適切に対応させていただくため、以下のガイドラインへのご協力をお願い致しております。下記項目をお読みいただき、手順に従ってお問い合わせください。

■ ご質問される前に

弊社Webサイトの「正誤表」をご参照ください。これまでに判明した正誤や追加情報を掲載しています。

正誤表　　　　　https://www.shoeisha.co.jp/book/errata/

■ ご質問方法

弊社Webサイトの「刊行物Q&A」をご利用ください。

刊行物Q&A　　　https://www.shoeisha.co.jp/book/qa/

インターネットをご利用でない場合は、FAXまたは郵便にて、下記"翔泳社 愛読者サービスセンター"までお問い合わせください。
電話でのご質問は、お受けしておりません。

■ 回答について

回答は、ご質問いただいた手段によってご返事申し上げます。ご質問の内容によっては、回答に数日ないしはそれ以上の期間を要する場合があります。

■ ご質問に際してのご注意

本書の対象を越えるもの、記述箇所を特定されないもの、また読者固有の環境に起因するご質問等にはお答えできませんので、あらかじめご了承ください。

■ 郵便物送付先およびFAX番号

送付先住所　　〒160-0006　東京都新宿区舟町5
FAX番号　　　03-5362-3818
宛先　　　　　（株）翔泳社 愛読者サービスセンター

●免責事項
※本書に記載されたURL等は予告なく変更される場合があります。
※本書の出版にあたっては正確な記述につとめましたが、著者や出版社などのいずれも、本書の内容に対してなんらかの保証をするものではなく、内容やサンプルに基づくいかなる運用結果に関してもいっさいの責任を負いません。
※本書に記載されている会社名、製品名はそれぞれ各社の商標および登録商標です。

[著者プロフィール]

大谷 佳子（おおや よしこ）

Eastern Illinois University, Honors Program心理学科卒業、Columbia University, Teachers College教育心理学修士課程修了。

現在、昭和大学保健医療学部講師。認定看護管理者制度教育課程講師。認知症介護実践リーダー研修講師。介護相談員養成研修講師。その他、医療、福祉、教育の現場の援助職を対象に、コミュニケーション研修及びコーチング研修、スーパービジョン研修などを担当。

主な著書に、『対人援助の現場で使える 聴く・伝える・共感する技術 便利帖』（翔泳社）、『基礎から学ぶ介護シリーズ利用者とうまくかかわるコミュニケーションの基本』（中央法規出版／共著）、『介護の○と×シリーズ コミュニケーション○と×』（中央法規出版／共著）など。

装丁	原てるみ、野呂翠（mill）
カバーイラスト	江田ななえ（http://nanae.or.tv）
本文イラスト	ケイーゴ・K / PIXTA（ピクスタ）
本文DTP	BUCH⁺

対人援助の現場で使える質問する技術 便利帖

2019年7月16日　初版第1刷発行
2023年6月15日　初版第6刷発行

著者	大谷 佳子
発行人	佐々木 幹夫
発行所	株式会社 翔泳社（https://www.shoeisha.co.jp）
印刷・製本	日経印刷 株式会社

ⓒ2019 Yoshiko Oya

本書は著作権法上の保護を受けています。本書の一部または全部について（ソフトウェアおよびプログラムを含む）、株式会社 翔泳社から文書による快諾を得ずに、いかなる方法においても無断で複写、複製することは禁じられています。

本書へのお問い合わせについては、159ページに記載の内容をお読みください。

造本には細心の注意を払っておりますが、万一、乱丁（ページの順序違い）や落丁（ページの抜け）がございましたら、お取り替えいたします。03-5362-3705までご連絡ください。

ISBN978-4-7981-5988-1　　　　　　　　　　　　　　　　Printed in Japan